New 수영교본

New
Swimming

New 수영교본

쿠보 야스유키 · 이와하라 후미히코 감수 | 강소정 옮김

삼호미디어
samho MEDIA

CONTENTS

PART 1 수영의 메커니즘

PART 4 배영

PART 5 접영

PART 6 〉 스타트와 턴

이 책의 사용법

■ 이 책의 구성

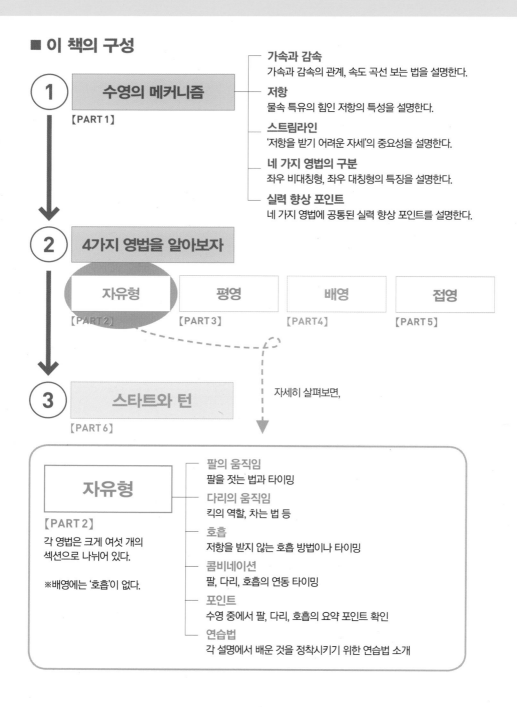

(1) 수영의 메커니즘
【PART 1】

가속과 감속
가속과 감속의 관계, 속도 곡선 보는 법을 설명한다.

저항
물속 특유의 힘인 저항의 특성을 설명한다.

스트림라인
'저항을 받기 어려운 자세'의 중요성을 설명한다.

네 가지 영법의 구분
좌우 비대칭형, 좌우 대칭형의 특징을 설명한다.

실력 향상 포인트
네 가지 영법에 공통된 실력 향상 포인트를 설명한다.

(2) 4가지 영법을 알아보자

자유형	평영	배영	접영
【PART 2】	【PART 3】	【PART 4】	【PART 5】

(3) 스타트와 턴
【PART 6】

자세히 살펴보면,

자유형
【PART 2】
각 영법은 크게 여섯 개의 섹션으로 나뉘어 있다.

※배영에는 '호흡'이 없다.

팔의 움직임
팔을 젓는 법과 타이밍

다리의 움직임
킥의 역할, 차는 법 등

호흡
저항을 받지 않는 호흡 방법이나 타이밍

콤비네이션
팔, 다리, 호흡의 연동 타이밍

포인트
수영 중에서 팔, 다리, 호흡의 요약 포인트 확인

연습법
각 설명에서 배운 것을 정착시키기 위한 연습법 소개

PART 1에서 '수영의 메커니즘'에 대해 알아보고, 과학적인 데이터를 바탕으로 한 수영의 기본적인 시스템을 이해하자. 다음으로 PART 2~5의 각 영법 파트에서는 팔의 움직임, 다리의 움직임, 호흡 등 동작마다 실력 향상 포인트를 배울 수 있다. PART 6에서는 스타트와 턴하는 방법을 설명한다.

■ 페이지 보는 법

표제
이 페이지의 주제이다.

× 사진과 ○ 사진
화살표나 마크를 많이 사용한 사진에서는 주목해야 할 포인트를 알려준다. 좋은 예와 나쁜 예를 비교하는 페이지도 있다.

도해로 검증
그림이나 그래프로 과학적이고 역학적으로 검증한다.

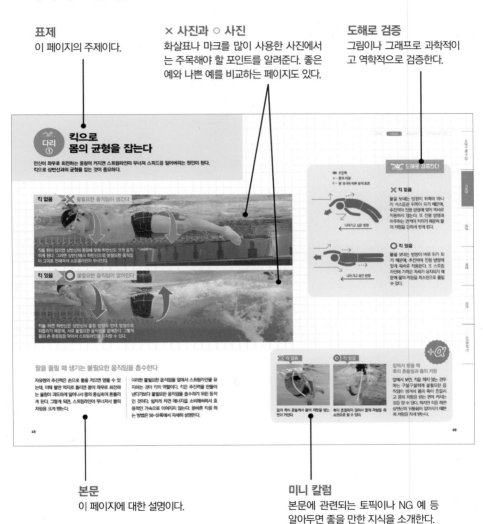

본문
이 페이지에 대한 설명이다.

미니 칼럼
본문에 관련되는 토픽이나 NG 예 등 알아두면 좋을 만한 지식을 소개한다.

다운 킥 Down kick

다리를 위에서 아래로 차내는 것이다. 차내리기 동작이라고도 한다. 다리를 아래에서 위로 차올리는 것은 업 킥(차올리기 동작)이라고 한다.

돌핀 킥 Dolphin kick

양발을 모으고 동시에 위아래로 움직여 발등으로 물을 차는 킥이다. 주로 접영이나 배영의 스타트나 턴에서 사용된다.

롤링 Rolling

자유형이나 배영에서 스트로크를 할 때 몸이 자연스럽게 좌우로 기울어지는 걸 말한다.

리커버리 Recovery

스트로크의 일부이다. 팔 젓기를 끝낸 다음부터 입수할 때까지의 움직임을 말한다.

배설로 킥 영법 Vassallo kick swimming

배영에서, 위를 보며 드러누운 채로 잠수해서 돌핀 킥만 계속하며 나아가는 영법으로 스타트와 턴 후 수중을 헤엄칠 때에도 사용한다. '백 돌핀 킥 Back dolphin kick'이라고도 한다.

부심

부력(부피)의 중심이다. 사람이 물에 떴을 경우에 부심은 보통 중심의 2~5cm 위에 있다.

속도 곡선

수영에서 각각의 동작마다 속도와의 관계를 그래프로 만든 것이다. 각 동작의 미세한 속도 추이를 알 수 있다.

스트로크 Stroke

물속에서 전진하기 위해 팔로 물을 젓는 동작 전체를 말한다.

스트림라인 Streamline

가장 물의 저항을 받기 어려운 자세이다. 손가락 끝에서부터 발끝까지 일직선으로 쭉 편 자세로, 비교적 유선형에 가깝다.

6비트 킥

한 번의 사이클(좌우 한 번씩 팔 돌리기) 동안 6회의 킥을 하는 자유형 영법이다. 4비트 킥, 2비트 킥도 있다.

입수 Entry

수영에서는 주로 물속에 손을 넣는 것을 말한다. '엔트리'라고도 한다.

한 번 젓고 한 번 차기

평영에서는 다이빙 혹은 턴을 한 후에 '한 번 젓기'→'한 번 차기'의 순서로 동작하는 게 규칙으로 정해져 있다. 자세한 내용은 146~147쪽을 참고한다.

저항

진행 방향과 맞닿는 면에 작용하는 힘이다. 보통 저항의 크기는 이 면적의 넓이에 비례한다.

중심

중력(무게)의 중심이다. 사람이 물에 떴을 경우에 중심은 보통 배꼽의 바로 밑에 있다.

추진력

전진하는 힘이다. 수영에서는 물을 뒤쪽(나아가는 방향과 정반대 쪽)으로 보내면서 생겨난다.

체간 體幹

어깨부터 고관절까지를 가리킨다. 스트림라인 자세를 취할 때, 팔과 다리를 곧게 지탱하는 역할을 맡는다.

캐치 Catch

스트로크의 일부이다. 물을 저을 때 손을 입수시켜서 손바닥으로 물을 잡는 것을 말한다.

콤비네이션 Combination

손, 발 등의 부분적 연습에 대해 전체의 조화를 잡아 가면서 헤엄치는 것을 말한다.

풀 Pull

스트로크의 일부이다. 손바닥으로 물을 잡은 다음에, 몸 옆으로 팔을 저어서 물을 뒤쪽으로 가져가는 동작을 말한다.

플러터 킥 Flatter Kick

고관절에서 발끝까지를 사용한다. 다리를 깃발이 나풀거리듯이 움직이는 킥이다.

피니시 Finish

팔 젓기의 마무리이다. 물속에서 실행하는 팔의 최종 동작을 말한다.

피치 Pitch

스트로크의 빈도를 말한다. 피치가 빠르면 스트로크가 많다는 의미이다.

수영의
메커니즘

MECHANISM

수영의 움직임을 분석해보자

수영은 전진과 정체를 반복하면서, 나아가는 전진의 스피드를 겨루는 스포츠이다. 이때 전진은 가속, 정체는 감속이라고 바꿔 말할 수도 있다. 최대한의 가속과 최소한의 감속을 목표로 수영하자.

1 뛰어들고 바로 스트림라인 자세를 취한다

전진

뛰어든 힘으로 천천히 나아간다.

2 **정체**

힘이 없어져서 속도가 떨어지기 시작한다.

5 **호흡**

얼굴을 들고 숨을 들이쉰다.

정체

팔 **피니시**

팔을 가슴 앞에 끌어 모은다.

6 **팔** **리커버리** **+** **다리** **끌어당기기**

정체

팔을 폄과 동시에 얼굴을 물속으로 되돌리고 다리를 끌어당긴다.

평영을 예로 들어 수영의 움직임을 분석해보자

수영은 물속에서 팔 동작, 다리 동작, 호흡을 조합하여 전진하는 스포츠이다. 팔과 다리의 움직임이 커서 이해하기에 쉬운 평영을 예로 들어 수영의 움직임을 순서대로 살펴보자.

처음 물에 뛰어 든 다음에는 그 힘을 이용해서 ① 전신을 편 자세(스트림라인)로 천천히 나아간다. ② 힘이 없어져서 속도가 떨어지기 시작하면 ③ 손바닥으로 물을 잡고(캐치), ④ 팔로 물을 뒤쪽으로 보낸다(풀). 그 후 ⑤ 팔을 가슴 앞으로 끌어 모은다(피니시). 그와 동시에 얼굴을 수면에 내놓고 호흡하고, ⑥ 팔을 펴면서 얼굴을 물속으로 되돌린다(리커버리). 다리를 끌어당길 때에는 별로 앞으로 나아가지 않지만, ⑦ 끌어당긴 다리를 단숨에 차내면 크게 앞으로 나아간다.

평영의 움직임

3 팔 캐치

전진

손바닥으로 물을 잡는다.

4 팔 풀

전진

팔로 물을 뒤쪽으로 내보낸다.

7 다리 킥 + 스트림라인

전진

다리를 차내고 스트림라인을 유지한다.

8 팔 캐치

전진

다시 손바닥으로 물을 잡는다.

이렇게 평영에는 각각의 움직임과 연동해서 앞으로 나아가는 때와, 거의 나아가지 않고 정체하는 때가 있다는 걸 알 수 있다. 이처럼 수영은 전진과 정체를 반복하는 운동이다.

전진은 바꿔 말하면 나아가는 속도가 더해지는 '가속'이고, 정체는 나아가는 속도가 줄어드는 '감속'이라고 할 수 있다. 따라서 수영을 할 때 가속을 최대한으로 만들고, 감속을 최소한이 되게 해서 전체적으로 더욱 빠른 전진을 목표로 하는 게 중요하다.

가속과 감속을 데이터로 만든 후 어떻게 하면 가속을 크게 하고, 감속을 작게 할 수 있는지를 검증해서 연습에 활용하는 것은 정상급 수영선수도 실천하고 있는 방법이다.

이 책에서는 이러한 기본원리를 바탕으로 수영의 메커니즘과 각 영법의 실력 향상 요령을 소개한다.

속도 곡선과 각각의 움직임

가속과 감속의 추이를 그래프로 만든 것이 속도 곡선이다. 어디에서 가속하고 감속하는지를 파악하여 실제 수영에서 최대한의 가속과 최소한의 감속으로 연결해보자.

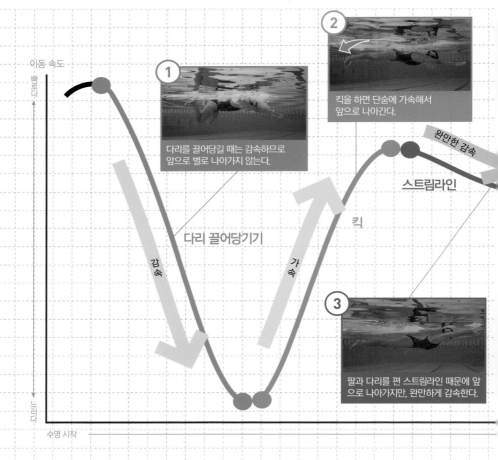

1 다리를 끌어당길 때는 감속하므로 앞으로 별로 나아가지 않는다.

2 킥을 하면 단숨에 가속해서 앞으로 나아간다.

3 팔과 다리를 편 스트림라인 때문에 앞으로 나아가지만, 완만하게 감속한다.

이동 속도

빠르다

느리다

수영 시작

다리 끌어당기기

감속

가속

킥

스트림라인

완만한 감속

속도 곡선 보는 방법과 네 가지 포인트

수영할 때 각 동작과 그때의 속도를 그래프로 만든 것이 속도 곡선이다. 속도 곡선은 수영 선수를 지도 및 육성하는 현장에서 데이터 분석에 사용된다.
이 책에서는 이전에 수집된 데이터를 바탕으로 평균화한 속도 곡선을 사용해서 각 영법에 대한 특징을 소개한다.
속도 곡선을 통해 다음 사항들을 알 수 있다.

① 곡선이 높은 위치에 있을 때는 속도가 빠르며, 곡선이 낮은 위치에 있을 때는 속도가 느리다.
② 곡선이 하강하고 있을 때는 감속한다.
③ 곡선이 상승하고 있을 때는 가속한다.
④ 하강과 상승의 기울기 정도가 급할 때는 급속도로 감속하고, 가속한다.

■ 평영의 속도 곡선

다른 수영에 비해서 가속과 감속의 경사가 큰 평영을 예로 들어 각 동작과 그때의 속도 변화를 살펴보자. 왼쪽 그림에서는 평영에서의 다리 끌어당기기부터 그 다음번 다리 끌어당기기까지의 가속도 추이를 보여주고 있다.

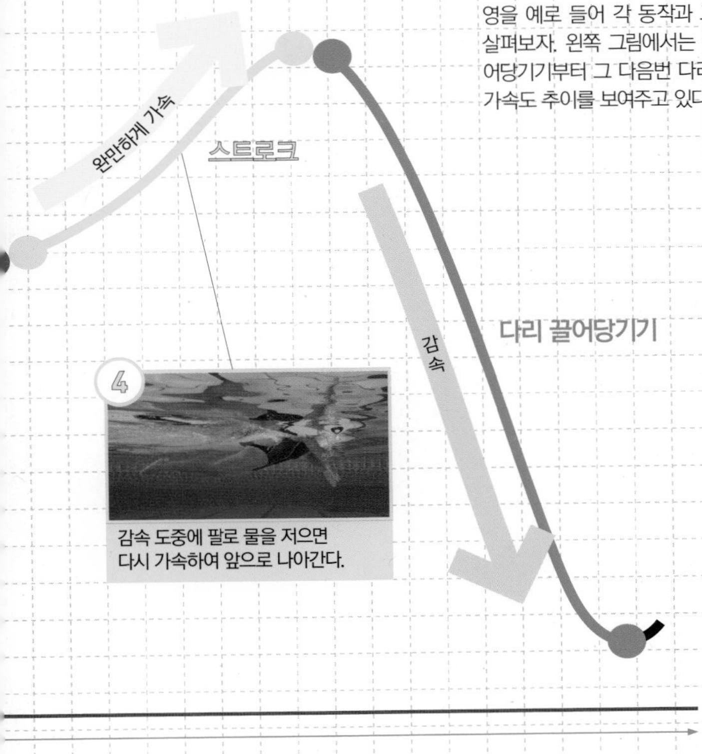

완만하게 가속

스트로크

감속

다리 끌어당기기

④

감속 도중에 팔로 물을 저으면
다시 가속하여 앞으로 나아간다.

가속은 최대한, 감속은 최소한이 되게 한다

위의 그림은 일반적인 평영의 속도 곡선이다. 평영에서는 무릎을 구부려서 다리를 끌어당길 때 잠시 크게 감속하지만, 끌어당긴 다리를 뒤쪽으로 강하게 킥할 때 앞으로 나아가면서 가속한다. 그 후 팔이나 다리를 곧게 펴는 자세(스트림라인→22쪽 참고)가 되면서 킥의 힘을 살려 앞으로 나아간다. 이때 감속하는데, 저항이 적으므로 감속의 정도는 완만하다. 계속해서 손으로 물을 잡고 팔로 물을 뒤쪽으로

내보내는 스트로크를 통해 다시 앞으로 나아가며 가속하고, 다시 한 번 다리 끌어당기기로 되돌아온다. **'가속할 때는 최대한으로 가속하고, 감속할 때는 최소한이 되도록 한다.'** 이것이 빠르게 수영하기 위한 열쇠이자 **네 가지 영법의 공통된 이론**이다. 즉 가속하는 상황에서는 가속을 최대화하고, 감속하는 상황에서는 감속을 최소화할 수 있도록 각 동작에 강약을 주는 것이 중요하다.

속도 곡선으로 보는 상급자와 중급자의 차이

평영 상급자와 중급자의 속도 곡선을 비교해보자. 곡선의 높낮이, 하강선, 상승선의 기울기 상태를 비교하면 상급자와 중급자의 속도 차이가 어떻게 해서 생기는지 알 수 있다.

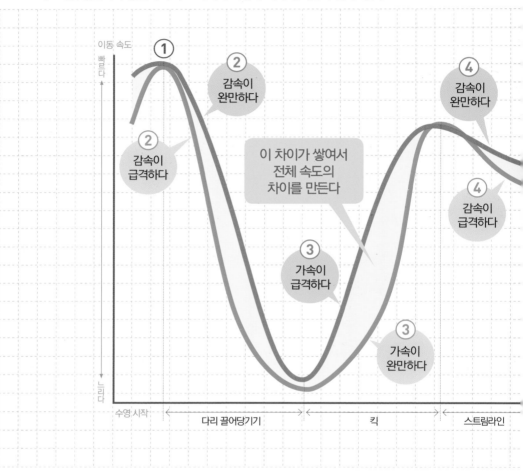

곡선이 높은 위치에 있으면 속도가 빠르다는 걸 의미한다

평영은 가속과 감속의 경사가 큰 영법이다. 그리고 최대한으로 가속하고, 감속을 최소한으로 할 수 있는 테크닉이 존재한다. 그런 기술을 지니고 있는 상급자와 그렇지 않은 중급자의 속도 곡선을 비교한 것이 위의 그림이다.

다리 끌어당기기 시작 단계에서는 ①**상급자와 중급**자의 속도에 **차이가 없다**. 그런데 다리 끌어당기기 기술의 차이로 ②**상급자는 감속을 작게 할 수 있기** 때문에 곡선의 하강이 완만해진다. 반대로 킥을 해서 가속할 때에는 ③**상급자의 곡선이 급상승하는** 데 비해, 중급자의 곡선은 완만하다.

④**스트림라인**(→22쪽 참고)**이나** ⑤**스트로크를 할**

■ 상급자와 중급자의 비교

평영의 상급자와 중급자의 속도 곡선을 겹쳐서 비교해보자. 가속, 감속할 때의 선의 기울기 상태를 통해 각각의 테크닉 차이가 뚜렷해진다.

⑤ 가속이 급격하다

⑤ 가속이 완만하다

상급자

중급자

스트림라인

다리 끌어당기기

때에도 상급자와 중급자의 경사도 차이는 커진다.
또한 상급자의 빨간 선은 중급자의 파란 선보다 전체적으로 높은 위치(세로축의 '빠르다'에 더욱 가까운 위치)에 있다. 이것은 속도가 더 빠르다는 걸 의미한다. 이 차이가 축적되어 상급자의 최종 기록이 중급자보다 빠른 것이다.

즉 평영에서는 감속의 요인이 되는 다리 끌어당기기

와 스트림라인으로 감속을 막고, 가속의 요인이 되는 킥과 스트로크로 속도를 올리는 기술을 습득한다면, 더욱 빠르게 수영할 수 있다는 걸 알 수 있다. 이것은 다른 영법에도 응용할 수 있다. 속도 곡선을 보고, 어느 동작을 할 때 어떻게 가속하고 감속하는지를 이해한다면 기술을 연마하기 위한 연습의 효율성이 현격히 올라갈 것이다.

가속과 감속의 요인

가속의 요인은 팔이나 다리로 물을 보내는 것이다. 감속의 요인은 물의 저항이다. 이 두 가지를 이해한다면 최대한의 가속과 최소한의 감속을 위해서 어떻게 하면 좋을지 알 수 있다.

■ 가속의 요인

팔로 하는 스트로크

예를 들어 자유형에서는 손가락의 간격을 몇 밀리미터만 벌려서 물을 잡고, 팔을 돌려 물을 뒤쪽으로 보내면서 추진력을 만들어낸다.

다리로 하는 킥

자유형에서는 다리로 킥을 하고, 발로 물을 뒤쪽으로 보내면서 추진력을 만들어낸다.

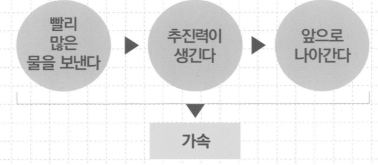

가속의 요인은 팔이나 다리로 물을 보내는 것이다

수영에서는 팔 젓기(스트로크)와 다리 차기(킥)로 물을 뒤쪽으로 보내는데, 그 반작용으로 몸 전체가 앞으로 나아가면서 가속한다. 이렇게 앞으로 나아가는 힘을 '추진력'이라고 부른다.

추진력을 높이는 포인트는, 가능한 한 빠른 타이밍으로 캐치를 하는 것과 팔이나 다리를 사용해 물을 뒤쪽으로 보내는 것이다.

자유형과 배영에서는 주로 팔로 추진력을 만들어내기 때문에, 보다 빠르게 물을 저어서 많은 물을 뒤쪽으로 보내는 것이 중요하다. 평영에서는 뒤로 차는 킥으로, 접영에서는 다리를 부드럽게 움직이는 킥으로 물을 뒤쪽으로 보낸다.

■ 감속의 요인

자연스러운 물의 저항

물속에서는 아무것도 하지 않아도 진행 방향으로부터 물의 저항을 받는다.

각 영법의 차이에 따른 저항

가령 평영에서는 다리를 끌어당길 때나, 호흡하려고 얼굴을 들 때 물의 저항을 크게 받는다.

자세가 흐트러져서 받는 저항

자유형에서는 호흡할 때 얼굴을 너무 들면 진행 방향과 마주하는 면적이 커져서 저항을 받는다.

여러 가지 저항

↓

감속

이러한 저항을 작게 하려면 각 영법의 해설 부분에서 소개하는 테크닉을 참조해보자.

감속의 요인은 물의 저항이다

물속에서 여러 가지 형태로 받는 물의 저항이 감속의 요인이 된다.

물의 저항에는 세 가지 종류가 있다. 첫 번째는 아무것도 하지 않아도 진행 방향으로부터 자연스럽게 받는 저항이다. 진행 방향과 마주하는 면적이 크면 저항도 더욱 커지게 된다. 이것은 물의 저항을 받기 어려운 자세(스트림라인)를 취하면 최소한으로 줄일 수 있다.

두 번째는 각 영법에서만 볼 수 있는 움직임 때문에 받는 저항이다. 예를 들어 평영에서는 호흡할 때 얼굴을 들기 때문에 가슴이 진행 방향과 마주하며 크게 맞닿기 때문에 더욱 큰 저항을 받는다.

세 번째는 자세가 흐트러짐에 따라 받는 저항이다. 예를 들어 자유형에서는 호흡할 때 얼굴을 수면으로 꺼내는데, 이때 자세가 무너지면 더 큰 저항을 받는다.

19

자세에 따라 크게 달라지는 물의 저항

'저항'은 물속 특유의 특징이다. 받는 면적이 작으면 작을수록 저항은 작아진다.
얼마나 저항이 작은 자세를 만드는지가 스피드를 높이는 열쇠가 된다.

■ 자세에 따른 물의 저항 차이

자세가 달라지면
저항도 달라진다

물의 저항을 받는 건 진행 방향과 마주하는 면이다. 저항을 받는 면적이 작으면 작을수록 저항도 작아진다.

물속에서의 저항을 작게 해서 감속을 막는다

수영에서 저항이란 진행 방향과 마주하는 면에 작용하는 힘이다.

위의 사진은 자유형(위)과 평영(아래)을 정면에서 찍은 것이다. 팔을 크게 벌리지 않고 얼굴을 옆으로 들어 호흡을 하는 자유형에 비해, 팔을 벌리고 물을 저어 정면을 향해 호흡하는 평영은 진행 방향과 마주하는 면적이 넓어서 저항을 크게 받아들이는 영법이라 할 수 있다.

수영할 때는 반드시 물의 저항을 받게 되는데, 각 영법에서 저항을 되도록 작게 만들면 빠른 속도로 수영할 수 있다.

■ 감속과 저항의 관계

평영의 속도 곡선을 살펴보자. 다리 끌어당기기처럼 저항이 큰 움직임을 하면 감속의 정도가 커져서 속도 곡선의 기울기가 급격해진다. 한편 저항이 작은 스트림라인 자세를 하고 있을 때에는 직전의 킥에 의해 생긴 추진력이 완전히 사라지지 않아서, 감속도 작아지고 속도 곡선의 기울기 정도가 완만해진다.

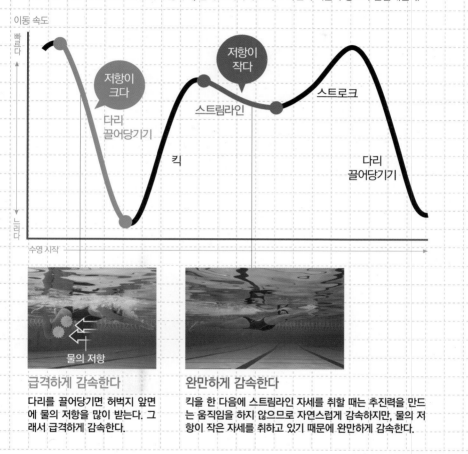

급격하게 감속한다

다리를 끌어당기면 허벅지 앞면에 물의 저항을 많이 받는다. 그래서 급격하게 감속한다.

완만하게 감속한다

킥을 한 다음에 스트림라인 자세를 취할 때는 추진력을 만드는 움직임을 하지 않으므로 자연스럽게 감속하지만, 물의 저항이 작은 자세를 취하고 있기 때문에 완만하게 감속한다.

저항과 추진력의 대립이 가속과 감속을 만든다

가속과 감속의 차이를 알기 쉬운 평영의 속도 곡선을 예로 들어 감속과 저항의 관계를 살펴보자.

평영에서는 일단 다리를 끌어당기는 타이밍에 감속한다. 이것은 허벅지가 진행 방향과 마주하는 큰 면을 만들어서 저항이 커지기 때문이다.

킥을 한 다음에는 추진력으로 전진하도록 전신을 편 자세(스트림라인)가 되는데, 이때도 감속한다. 다만 저항이 가장 작은 자세를 취하고 있기 때문에 다리를 끌어당길 때보다는 완만하게 감속한다.

이렇게 앞으로 나아가는 추진력이 몸에 받는 저항보다 클 때 가속하고, 앞으로 나아가는 추진력보다 몸에 받는 저항이 클 때 감속한다고 볼 수 있다.

21

물의 저항이 적은 스트림라인

돌고래나 펭귄 등 물속을 재빠르게 헤엄치는 동물의 유선형 자세를 떠올려보자. 그러한 유선형과 같은 원리로 저항을 받지 않는 스트림라인은 모든 수영의 기본이 되는 중요한 요소이다.

⚫ 올바른 스트림라인

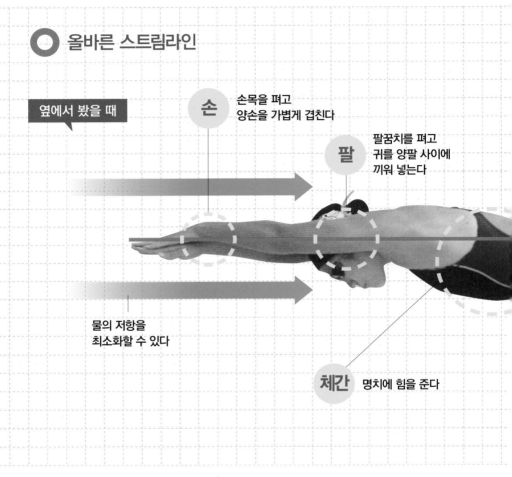

옆에서 봤을 때

손 손목을 펴고
양손을 가볍게 겹친다

팔 팔꿈치를 펴고
귀를 양팔 사이에
끼워 넣는다

물의 저항을
최소화할 수 있다

체간 명치에 힘을 준다

손끝에서 발끝까지 일직선이 된 자세를 취한다

감속을 막기 위해서는 물의 저항을 가능한 한 작게 만드는 자세를 취하는 게 좋다. 물속에서 가능한 한 저항을 작게 만들 수 있는 자세가 스트림라인이다. 스트림라인은 몸을 간결하게 모아서 진행 방향으로부터 받는 물의 저항이 최소한이 되게 해주는 자세로, 모든 수영의 기본이 된다.

스트림라인은 손끝에서 발끝까지가 일직선이 된 자세이다. 보통 벽을 찬 힘만으로 앞으로 나가는 '케노비'를 하면서 연습한다.

올바른 스트림라인 자세를 취할 수 있게 되면, 물의 저항을 받는 면적이 작아지기 때문에 계속해서 수평으로 떠있을 수 있다. 반면 벽을 차더라도 올바른 자세를 취하지 않으면 물의 저항을 받아서 바로 정지하게 된다.

앞에서 봤을 때

진행 방향에서 보이는 부분이 물의 저항을 받는 곳이다. 이 면적이 작을수록 저항도 작게 받는다.

축 손끝에서 발끝까지를 일직선으로 만든다

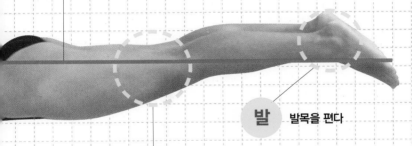

발 발목을 편다

다리 무릎을 편다

좋지 않은 스트림라인

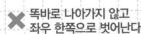
✕ 똑바로 나아가지 않고 좌우 한쪽으로 벗어난다

좌우 어느 한쪽으로 힘이 들어가면 축이 휘고, 물의 저항을 받아 진로가 좌우로 어긋나게 된다.

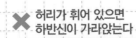
✕ 허리가 휘어 있으면 하반신이 가라앉는다

몸이 활 모양으로 휘어 있는 자세이다. 다리의 근육량이 많아서 중심이 아래에 있으면 이렇게 된다. 상반신의 근육량을 늘릴 필요가 있다.

✕ 몸이 ∧ 모양으로 구부러진다

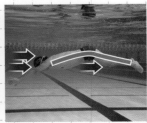

체간이 약해서 다리를 지탱하지 못하면 허리가 꺾여서, 축이 ∧ 모양으로 구부러지게 된다. 그래서 체간을 단련할 필요가 있다.

23

체간으로 스트림라인을 유지한다

스트림라인을 유지하려면 몸의 중심인 체간을 안정시킬 필요가 있다. 체간이 팔이나 다리를 지탱하는 역할을 하기 때문이다. 이처럼 체간을 구성하는 근육을 의식하며 수영하자.

■ 체간을 구성하는 근육

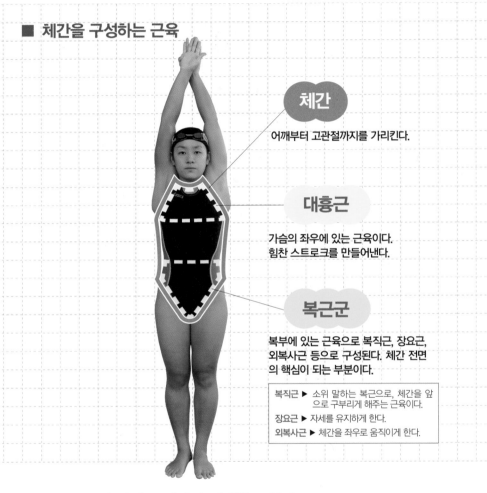

체간

어깨부터 고관절까지를 가리킨다.

대흉근

가슴의 좌우에 있는 근육이다. 힘찬 스트로크를 만들어낸다.

복근군

복부에 있는 근육으로 복직근, 장요근, 외복사근 등으로 구성된다. 체간 전면의 핵심이 되는 부분이다.

복직근 ▶ 소위 말하는 복근으로, 체간을 앞으로 구부리게 해주는 근육이다.
장요근 ▶ 자세를 유지하게 한다.
외복사근 ▶ 체간을 좌우로 움직이게 한다.

일직선의 팔과 다리를 체간이 지탱하고 있다

수영은 전신의 근육을 사용한다. 하지만 모든 근력을 발달시킨다고 수영 실력이 향상되는 것은 아니다. 그중에서 의식해야 할 것은 '체간'의 근육이다. 체간이 물의 저항을 적게 받는 스트림라인을 만들 때 일직선으로 편 팔과 다리를 지탱하는 역할을 하기 때문이다. 만약 체간을 구성하는 근육량이 적으면 다리를 장시간 지탱하지 못해서 하반신이 가라앉아 물의 저항을 크게 받게 된다.

이 책에서는 어깨부터 고관절까지를 '체간'이라 부른다. 주로 복근군과 배근군으로 구성된 부분이다. 스트림라인을 만들기 위해 복근군, 배근군을 균형 있게 단련하자.

배근군

등에 있는 근육이다. 광배근, 승모근 등으로 구성되어 있다. 체간 등쪽의 핵심이 되는 부분이다.

광배근 ▶	팔을 움직이게 해주는 근육으로, 면적이 제일 크다.
승모근 ▶	견갑골을 움직이게 한다.

대전근

엉덩이 근육으로, 킥을 할 때 사용된다.

팔과 다리를 지탱하는 체간

⭕ 체간의 근육량이 많다

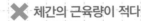

❌ 체간의 근육량이 적다

체간의 근육량이 많으면, 팔이나 다리를 지탱할 수 있어서 축이 곧게 되고 수평 자세를 장시간 유지할 수 있다.

체간의 근육량이 적으면, 다리를 지탱하지 못해서 하반신이 내려가고 축이 휘어버린다.

중심·부심과 스트림라인

중심(중력이 작용하는 점)과 부심(부력이 작용하는 점)을 가깝게 하면 똑바로 뜰 수 있다. 올바른 스트림라인 자세를 취하기 위해서 중심과 부심을 가깝게 만드는 방법을 마스터하자.

■ 물속에서의 중심과 부심의 위치

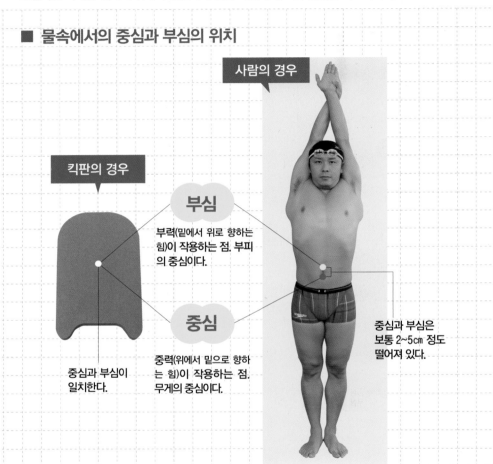

사람의 경우

킥판의 경우

부심
부력(밑에서 위로 향하는 힘)이 작용하는 점. 부피의 중심이다.

중심
중력(위에서 밑으로 향하는 힘)이 작용하는 점. 무게의 중심이다.

중심과 부심이 일치한다.

중심과 부심은 보통 2~5㎝ 정도 떨어져 있다.

부심이 중심에 가까워질수록 몸이 똑바로 뜬다

올바른 스트림라인을 만드는 포인트는 물속에서 중심과 부심의 위치 관계이다. 가령 무게가 균일하고 직사각형인 킥판은 부심과 중심이 일치하기 때문에 물에 수평으로 뜬다. 하지만 사람의 경우에는 부심과 중심의 위치가 완전히 일치하지 않는다.

중심은 중력이 작용하는 점으로, 물속에서 팔과 다리를 펴서 뜬 경우에 보통 배꼽의 바로 아래가 된다. 한편 부심은 부력이 작용하는 점으로, 배꼽 위이고 중심으로부터 2~5㎝ 정도 위에 있다.

부심이 중심에 가까울수록 몸이 수평으로 뜨기 쉬워지고, 부심이 중심에서 멀어질수록 몸은 중심이 있는 쪽으로 가라앉게 된다.

⭕ 중심과 부심이 가깝다

모식도

● 중심
○ 부심

두 점의 거리가 가까우면 균형을 잡을 수 있어서 스트림라인을 장시간 유지할 수 있다.

❌ 중심이 떨어져 있다

모식도

● 중심
○ 부심

두 점의 위치가 떨어져서 중심이 하반신 근처에 있는 경우에는, 몸에 회전이 생겨 다리가 내려가게 된다.

중심을 부심에 가깝게 하려면

가령 다리의 근육량이 많으면 중심의 위치가 내려가고, 부심과 중심의 간격이 넓어지기 때문에 하반신이 가라앉게 된다. 그럴 때는 어깨에 힘을 꽉 주고 팔을 펴면, 중심이 위로 이동하면서 부심에 가까워져 몸이 뜨기 쉬워진다.

또한 상반신을 단련하여 근육량을 늘려서 다리의 근육량과 비슷하게 만드는 것도 중심을 위로 옮기는 방법 중 하나이다.

좌우 비대칭형 (자유형과 배영)

자유형과 배영의 특징은 팔과 다리를 좌우 번갈아 움직이는 것이다. 이 때문에 롤링이 생기는데, 커다란 추진력을 만들어내는 팔을 번갈아 움직임으로써 에너지가 절감되어 효율적으로 수영할 수 있다.

■ 자유형 동작을 위에서 보면

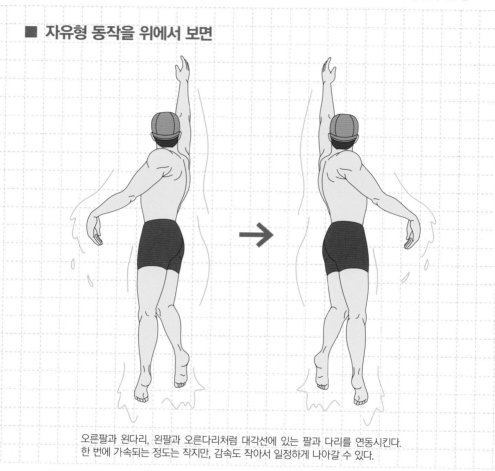

오른팔과 왼다리, 왼팔과 오른다리처럼 대각선에 있는 팔과 다리를 연동시킨다.
한 번에 가속되는 정도는 작지만, 감속도 작아서 일정하게 나아갈 수 있다.

좌우 번갈아 움직이면서 효율적으로 수영한다

좌우 비대칭형은 좌우로 각각의 동작을 하는 것이다. 팔이 추진력을 만들어내는 비율은 높지만, 한쪽 팔로 물을 젓기 때문에 양쪽 팔과 양쪽 다리를 동시에 움직이는 평영이나 접영만큼 한 번의 스트로크나 킥에 의한 추진력은 크지 않다.

그러나 한쪽 팔로 가속한 후, 곧바로 다른 한쪽 팔로 가속할 수 있기 때문에 규칙적으로 가속이 반복된다. 그뿐 아니라 팔을 물 위에서 돌리는 동안에는 그 팔을 쉬게 해서 에너지 소비를 막을 수 있으므로 효율적으로 수영할 수 있다. 스트로크 할 때 좌우 각각 움직이기 때문에 몸이 회전(롤링)하지만, 킥을 함으로써 과도한 롤링을 막을 수 있다.

■ 좌우 비대칭형의 공통점

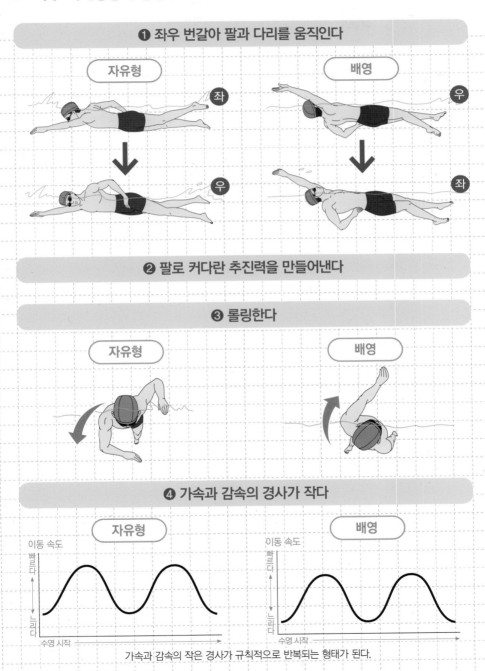

❶ 좌우 번갈아 팔과 다리를 움직인다

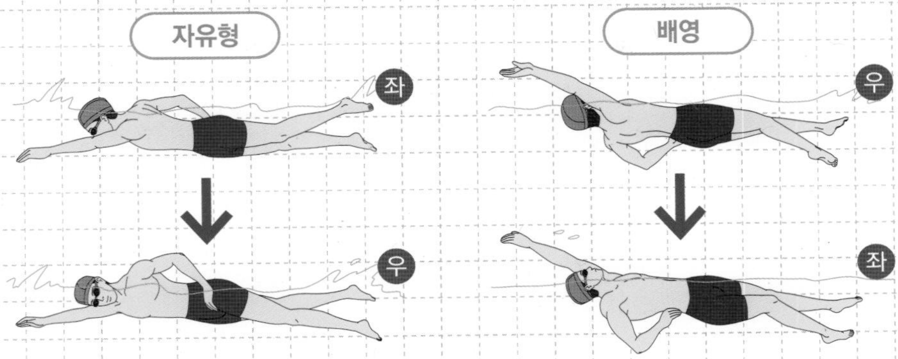
자유형
좌
우
배영
우
좌

❷ 팔로 커다란 추진력을 만들어낸다

❸ 롤링한다

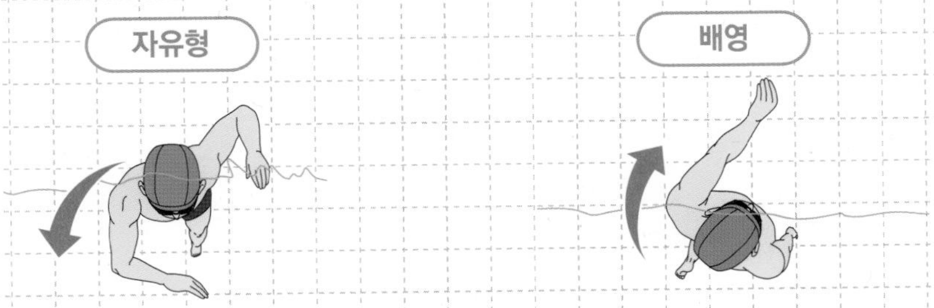
자유형
배영

❹ 가속과 감속의 경사가 작다

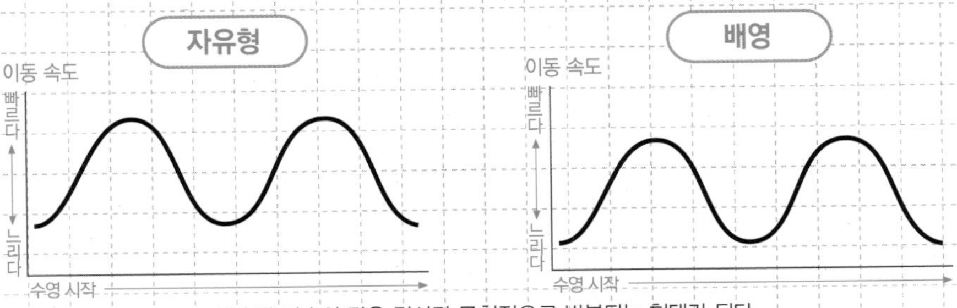
자유형
이동 속도
빠르다
느리다
수영 시작
배영
이동 속도
빠르다
느리다
수영 시작

가속과 감속의 작은 경사가 규칙적으로 반복되는 형태가 된다.

좌우 대칭형 (평영과 접영)

평영과 접영의 특징은 양쪽 팔과 양쪽 다리를 동시에 움직이는 것이다. 따라서 크게 가속할 수 있지만, 몸이 위아래로 움직이게 된다. 수면에 얼굴을 내미는 호흡 동작도 감속의 요인 중 하나이다.

■ 평영 동작을 위에서 보면

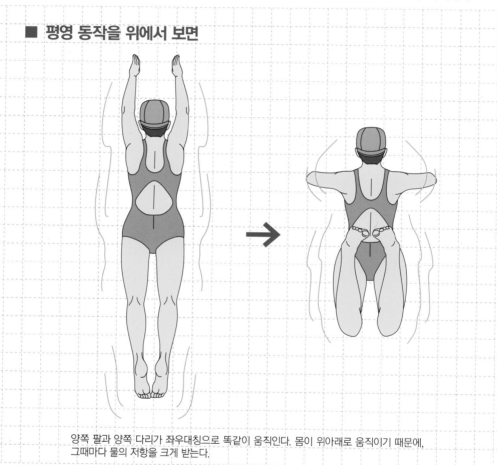

양쪽 팔과 양쪽 다리가 좌우대칭으로 똑같이 움직인다. 몸이 위아래로 움직이기 때문에, 그때마다 물의 저항을 크게 받는다.

추진력은 크지만 저항을 받는 움직임도 많다

좌우 대칭형은 양쪽 팔과 양쪽 다리를 동시에 똑같이 움직이는 것이다. 그렇기 때문에 한쪽 팔과 한쪽 다리를 번갈아 움직이는 자유형이나 배영에 비해 한 번에 큰 가속을 할 수 있는 것이 특징이다.

하지만 물 위로 얼굴을 드는 호흡 동작처럼 위아래 움직임이 큰 동작이 있기 때문에, 저항을 받기 쉽고

그럴 때마다 크게 속도가 줄어든다. 따라서 가속과 감속의 경사가 심해진다.

다리로 킥을 해서 뒤쪽으로 물을 보냄으로써 추진력을 크게 만들어내는 것도 좌우 대칭형의 특징 중 하나인데, 접영에서는 팔이 추진력을 만들어내는 비율도 비교적 높다.

■ 좌우 대칭형의 공통점

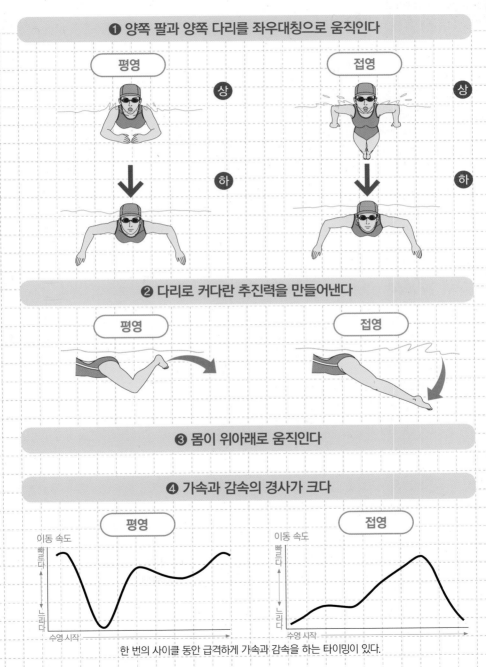

❶ 양쪽 팔과 양쪽 다리를 좌우대칭으로 움직인다

평영 · 상 · 하

접영 · 상 · 하

❷ 다리로 커다란 추진력을 만들어낸다

평영

접영

❸ 몸이 위아래로 움직인다

❹ 가속과 감속의 경사가 크다

평영

이동 속도 / 빠르다 / 느리다 / 수영 시작

접영

이동 속도 / 빠르다 / 느리다 / 수영 시작

한 번의 사이클 동안 급격하게 가속과 감속을 하는 타이밍이 있다.

31

추진력을 담당하는 움직임

수영에서는 팔이나 다리로 물을 뒤쪽으로 보내면서 앞으로 나아가는 힘을 만들어 가속한다.
각각의 속도 곡선을 보면서 좌우 비대칭형과 좌우 대칭형의 특징을 확인해보자.

■ 추진력을 만들어내는 움직임

좌우 비대칭형인 경우에는 팔로, 좌우 대칭형인 경우에는 다리로 큰 추진력을 만들어낸다.

좌우 비대칭형인 경우 (예: 자유형)

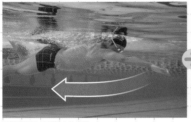

뒤쪽으로 물을 보낸다.

그 반작용으로 앞으로 나아가는 추진력을
얻을 수 있다.

좌우 대칭형인 경우 (예: 평영)

발을 뒤로 차서 물을 보낸다.

그 반작용으로 앞으로 나아가는 추진력을
얻을 수 있다.

물을 뒤쪽으로 보내서 추진력을 만들어낸다

수영할 때는 팔이나 다리로 물을 진행 방향과 정반대 방향으로 밀어냈을 때 생기는 반작용이 추진력이 되어 앞으로 나아간다.

좌우 비대칭형(자유형·배영)에서는 팔이 추진력을 담당하지만, 좌우 대칭형(평영·접영)에서는 다리가 추진력을 담당하는 비율이 비교적 높다. 좌우 비대칭형에서도 다리로 추진력을 만들어내긴 하지만 팔이 만들어내는 추진력이 차지하는 비율과는 큰 차이가 있다.

오른쪽 페이지 상단의 속도 곡선을 살펴보자. 자유형에서 팔과 다리를 둘 다 움직인 경우와 팔만 움직인 경우의 곡선 형태는 비슷하고 속도도 별로 다르지 않지만, 다리만 움직인 경우는 곡선 형태도 많이 다르고 속도도 상당히 느려진다는 걸 알 수 있다.

■ 좌우 비대칭형은 팔로 크게 가속한다 (예: 자유형)

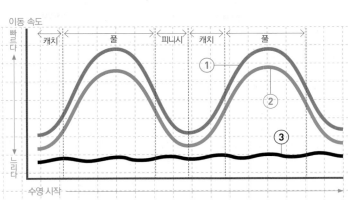

① 팔과 다리를 움직인 경우와 ② 팔만 움직인 경우의 속도 차이는 작고, 속도 곡선의 형태도 비슷하다.
③ 다리만 움직인 경우는, ①②에 비해 속도가 느리고 가속과 감속의 차이가 적은 직선에 가까운 형태이다.

■ 좌우 대칭형은 다리로 크게 가속한다 (예: 평영)

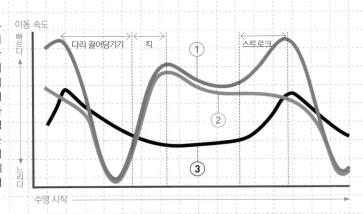

① 팔과 다리를 움직인 경우와 ② 다리만 움직인 경우에 다리 끌어당기기부터 킥 사이의 속도 차이는 거의 없지만 ②에서는 팔을 움직이지 않기 때문에, 팔을 저을 때(스트로크)는 속도에 차이가 생긴다. ③ 팔만 움직인 경우는, 이를테면 평영에서는 최대 가속을 만들어내는 킥을 하지 않기 때문에 전체적으로 속도가 나지 않아서 저조한 곡선이 된다.

영법별로 추진력의 비율을 알아보자

좌우 비대칭인 자유형과 배영에서는 주로 팔이 추진력을 만들어내지만, 좌우 대칭인 평영과 접영에서는 다리가 만들어내는 추진력의 비율이 비교적 높아진다. 다만 접영에서 추진력을 만들어내는 비율은 팔 쪽이 약간 커서, 팔이 6에 다리 4 정도가 된다.

팔과 다리 움직임의 연동

각 영법에서 팔과 다리가 조화롭게 움직이면 스트로크와 킥의 역할이 최대한으로 발휘되어 효과적으로 속도를 높일 수 있다.

■ 좌우 비대칭형

대각선상에 있는 팔과 다리를 연동시키는 게 포인트이다. 한쪽 팔이 입수할 때, 대각선상에 있는 다리로 다운 킥을 한다. 이 타이밍이 잘 맞으면 가장 효과적으로 물을 캐치(→40쪽 참고)할 수 있어서 큰 가속으로 이어진다.

자유형 ※배영도 마찬가지

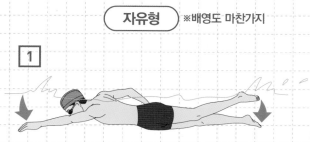

1

왼팔을 물에 넣어 젓기 시작함과 동시에 오른팔은 피니시(→40쪽 참고)한다.
이때 대각선에 있는 오른다리를 위에서 아래로 찬다(다운 킥).

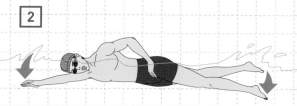

2

오른팔을 물에 넣어 젓기 시작함과 동시에 왼팔은 피니시한다.
이때 대각선에 있는 왼다리로 다운 킥을 한다.

팔과 다리가 제대로 연동되지 않으면 추진력으로 이어지지 않는다

수영은 타이밍이 속도에 큰 영향을 주는 스포츠이기도 하다. 팔과 다리를 올바른 타이밍으로 연동시키면, 스트로크와 킥의 역할을 최대한으로 끌어낼 수 있다.

좌우 비대칭형인 경우에는, 왼팔(오른팔)을 입수한 타이밍에서 대각선에 있는 오른다리(왼다리)를 위에서 아래로 찬다. 그렇게 하면 팔 젓기(스트로크)에

가장 큰 힘이 들어가서, 커다란 추진력을 만들어낼 수 있다.

좌우 대칭형인 평영에서는, 팔 젓기로 가속하는 동안에 다리를 끌어당겨 저항을 되도록 적게 만드는 게 포인트다. 접영에서는 각각 다른 역할을 담당하는 두 번의 킥을 팔 움직임과 연동해서 실행한다.

■ 좌우 대칭형

평영에서는 추진력을 만들어내는 킥을 하기 직전에 다리를 끌어당기기 때문에 물의 저항을 크게 받는다. 이 동작을 스트로크로 가속하고 있는 동안에 실행하는 것이 포인트이다. 접영에서는 두 번의 킥(첫 번째 킥과 두 번째 킥)을 실행한다. 일단 물 위에 나와 있는 팔을 물속으로 되돌리는 리커버리 때에 감속한다. 그 직후에 첫 번째 킥을 해서 추진력을 만들어낸다. 그 다음에는 물을 저을 때 생긴 위아래로의 움직임을 두 번째 킥으로 없애준다.

평영	접영

1

팔을 앞쪽으로 펴기 시작함과 동시에 다리를 끌어당긴다.

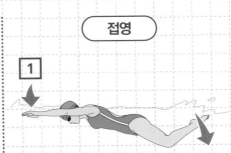

1

팔을 물에 넣어 젓기 시작함과 동시에 다운 킥으로 첫 번째 킥(→118쪽 참고)을 한다.

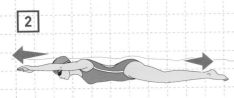

2

팔을 완전히 펴는 동시에 다리를 뒤쪽으로 세게 찬다.

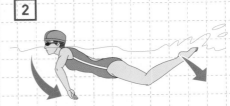

2

팔로 물을 젓고 있는 동안에 다운 킥으로 두 번째 킥(→120쪽 참고)을 한다.

연습법

지상에서 팔과 다리의 연동을 체크한다

팔과 다리에만 집중해서 동작의 타이밍을 확인하려면, 지상에서 벤치 등을 이용해서 팔과 다리를 움직여 보면 도움이 된다.

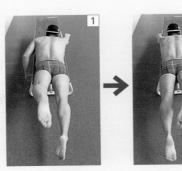

지상에서는 물의 저항의 영향을 받지 않으므로 팔과 다리의 움직임에만 집중할 수 있다. 벤치 위에 배를 깔고 엎드려서 팔과 다리의 연동을 확인한다.

저항을 만들어내는 호흡 동작

물의 저항을 받지 않는 자세로 계속 수영할 수 있다면, 거의 감속하지 않고 나아갈 수 있다. 하지만 무호흡(노 브리딩: 수면에 얼굴을 댄 채 숨을 쉬지 않고 헤엄치는 일)을 계속하는 것은 사실상 불가능하다. 각 영법의 움직임에 맞춘 자연스러운 호흡 동작을 몸에 익히자.

■ 호흡 때문에 받게 되는 물의 저항

자유형

호흡 때문에 얼굴을 옆으로 들 때 상체가 약간 정면을 향하면서 물의 저항을 받는다.

평영

접영

상체를 일으켜 세울 때 가슴이 진행 방향과 마주하기 때문에 물의 저항을 받는다.

호흡은 각 영법의 움직임을 무너뜨리고 저항을 받는 동작이다

호흡은 수영의 움직임을 방해하는 동작이기 때문에 호흡을 할 때는 물의 저항을 받아 그만큼 속도가 줄어들게 된다. 자유형, 평영, 접영에서의 호흡을 살펴보자.

자유형에서는 호흡 때문에 얼굴을 옆으로 들 때 스트림라인이 무너지면서 상체가 약간 정면을 향하는데, 이때 물의 저항을 받게 된다.

평영에서는 상체를 일으켜 세울 때 가슴의 큰 면이 정면을 향하게 되기 때문에 물의 저항을 많이 받는다.

접영에서는 평영과 마찬가지로 상체를 일으켜 세울 때 가슴의 일부가 정면을 향하게 되기 때문에 물의 저항을 받는다.

■ 속도 곡선의 비교

아래 그림에서는 자유형과 평영을 하는 상황에서 무호흡이나 저항이 적은 호흡을 할 수 있는 호흡 상급자와, 표준적인 호흡을 할 수 있는 호흡 중급자의 속도 곡선을 비교하고 있다. 무호흡을 이상적인 상태라고 했을 때, 호흡 상급자는 그것과 거의 가까운 속도로 수영하고 있다는 걸 알 수 있다. 반면 호흡 중급자는 호흡마다 물의 저항을 받아 그로 인해 생기는 속도 차이가 크다는 걸 알 수 있다.

좌우 비대칭형인 경우
(예: 자유형)

속도가 가장 느려지는 부분(곡선의 최저점 부분)이 호흡한 타이밍이다. 무호흡과 상급자의 차이는 작지만, 무호흡과 중급자의 차이는 크게 벌어져 있다.

좌우 대칭형인 경우
(예: 평영)

스트로크 이후(최고점에서 급하강하는 부분)가 호흡한 타이밍이다. 무호흡과 상급자의 차이는 작지만, 무호흡과 중급자의 차이는 크게 벌어져 있다.

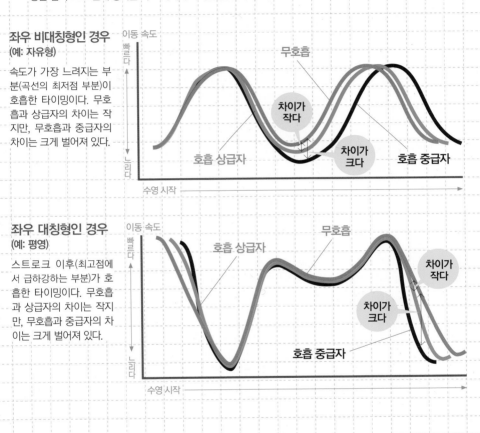

호흡할 때 감속을 막기 위한 두 가지 포인트

호흡을 하면 아무래도 물의 저항을 받게 되는데, 가능한 한 저항을 받지 않는 호흡을 하면 감속을 최소한으로 줄일 수 있다.

위의 그래프를 살펴보자. 저항이 적은 호흡을 할 수 있는 호흡 상급자는 무호흡으로 수영한 경우와 비슷한 속도로 수영할 수 있다.

간단하게 말하자면, 저항이 적은 호흡은

① 진행 방향과 마주하는 면적을 작게 만든 동작
② 몸의 좌우 회전(롤링)이나 위아래 움직임을 작게 만든 동작을 도입한 호흡이다.

롤링과 위아래 움직임 등 각 영법에서 볼 수 있는 동작에 맞춰서 되도록 얼굴을 조금 드는 것이 속도가 줄지 않는 호흡의 포인트라 할 수 있다. 구체적인 방법은 각 영법의 설명을 참조해보자.

물을 잡는 손의 모양

수영에서 대부분의 추진력은 손을 저어서 얻을 수 있는데, 그러기 위해서는 대량의 물을 효율적으로 등 뒤로 보낼 수 있는 '손 모양'이 중요하다. 손가락의 간격을 적당히 유지하면서 물을 캐치하자.

 ## 물을 놓치지 않는 손 모양

물의 양

손가락 사이를 몇 밀리미터만 벌리면, 물이 손가락 사이로 빠져나갈 일이 없는 적절한 손 모양이 된다. 가장 많은 물을 잡을 수 있다.

손가락은 너무 붙여도 안 되고, 너무 벌려도 안 된다

물을 저을 때 손바닥의 면적이 넓으면, 캐치할 수 있는 물의 양이 많아져서 속도를 올리는 데 유리하게 작용한다. 손가락 틈으로 물이 빠져나가지 않도록 손가락을 완전히 꼭 붙여버리면, 손바닥의 면적이 작아져서 효율적이지 않다.

그러나 손가락을 너무 많이 벌려도 손가락 사이로 물이 빠져나가서 실제로 저을 수 있는 물의 양이 적어진다.

그래서 너무 붙이지도 않고 너무 벌리지도 않은, 손가락과 손가락 사이를 몇 밀리미터 벌린 자연스러운 손 모양을 추천한다. 손가락 사이가 적당히 벌어져 있으면 물이 손가락 사이로 많이 빠져나가지도 않고, 손바닥 전체를 판자처럼 넓게 사용할 수 있어서 많은 양의 물을 캐치할 수 있다.

손가락 사이가 너무 벌어져 있다   손바닥을 너무 오므리고 있다

물의 양

손바닥을 활짝 펼친 상태이다. 손바닥의 면적은 커지지만 손가락 사이로 물이 빠져나가버린다.

물의 양

손가락을 딱 붙인 상태이다. 손바닥의 면적이 작기 때문에 많은 양의 물을 캐치할 수 없다.

연습법

바닥에 발을 붙인 상태로 물의 '무게'를 느껴본다

손 모양이 다르면 젓는 물의 양도 달라진다. 수영장 안에 선 채로 팔을 저어 보면 실감할 수 있다. 이렇게 하면 실제로 수영하면서 팔을 저을 때보다 손 모양과 물을 잡는 감각에 집중할 수 있다. 감을 잡았으면 실제 수영에도 응용해보자.

자유형뿐만 아니라, 평영이나 접영의 캐치도 발을 바닥에 붙인 채 연습해보자.

39

각 영법별로 팔의 움직임을 분석한다

자유형

캐치

손을 입수한 후,
손바닥으로 물을 잡는다.

풀

물을 뒤쪽으로 보내면서 몸의
옆면까지 팔을 가지고 온다.

평영

캐치

양손바닥이 바깥쪽을 향하게 해서
물을 잡는다.

풀

물을 뒤쪽으로 보내면서 몸의
옆면까지 팔을 가지고 온다.

배영

캐치

손바닥으로 물을 잡는다.

풀

물을 뒤쪽으로 보내면서 몸의
옆면까지 팔을 가지고 온다.

접영

캐치

양손바닥으로 물을 잡는다.

풀

물을 뒤쪽으로 보내면서 몸의
옆면까지 팔을 가지고 온다.

팔을 젓는 동작(스트로크)은 크게 네 가지로 구분한다. 같은 용어라도 영법에 따라 움직이는 방법과 타이밍이 다르다. 각 영법의 해설 부분에서도 자주 사용되는 용어이므로 여기에서 미리 확인해두자.

피니시

힘을 빼고, 손을 물 위로 꺼낼 때까지를 말한다.

리커버리

물 위에서 팔을 앞쪽으로 움직여서 다른 한쪽 팔의 입수에 대비한다.

피니시

양손을 안쪽으로 끌어 모은다.

리커버리

팔을 크게 앞으로 뻗는다.

피니시

힘을 빼고, 손을 물 위로 꺼낼 때까지를 말한다.

리커버리

물 위에서 팔을 앞쪽으로 움직여서 다른 한쪽 팔의 입수에 대비한다.

피니시

힘을 빼고, 손을 물 위로 꺼낼 때까지를 말한다.

리커버리

물 위에서 팔을 앞쪽으로 움직여서 다음 입수에 대비한다.

연습에서 사용하는 도구

풀 부이
하반신을 뜨게 하기 위해 허벅지 등에 끼워 사용하는 도구이다.

수영 연습을 할 때에는 킥판 이외에도 여러 가지 도구를 사용한다. 여기에서는 각 영법의 〈연습법〉에서 사용하는 도구를 소개한다.

패들
캐치 감각을 익히는 도구로, 손에 끼워서 사용하면 훨씬 많은 물을 캐치할 수 있다.

핀
오리발. 핀을 장착하고 킥을 하면 많은 물을 밀어낼 수 있다.

튜브
허리에 장착하고 한쪽 끝을 잡아당길 수 있게 되어 있는 도구이다. 지상에서 잡아당기게 해서 수영하는 데 사용한다.

스펀지
패러슈트가 없을 때는 길고 가느다란 스펀지를 묶은 도구를 대신 사용할 수 있다.

패러슈트
수영할 때 허리에 착용하는 도구이다. 저항 강도를 느낄 수 있어 근육량 증가와 스피드 향상에 도움을 준다.

PART 2

자유형

CRAWL

가속과 감속의 경사가 작게
가장 효율적이고 빠르게
수영할 수 있다

자유형의 속도 곡선

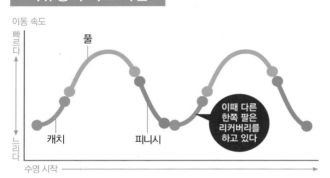

이동 속도
빠르다
느리다
수영 시작

풀
캐치
피니시
이때 다른 한쪽 팔은 리커버리를 하고 있다

속도 곡선의 특징

가속과 감속의 작은 경사가 계속되는 곡선이다. 캐치부터 풀에 걸쳐 가속한다. 한쪽 팔이 리커버리를 하는 동안에 다른 한쪽 팔은 캐치를 하므로 일정하게 나아간다. 킥은 좌우 번갈아 계속 찬다.

실력 향상 포인트

팔	▶ 입수 후에 바로 캐치한다.
다리	▶ 킥으로 상반신과 하반신의 균형을 잡는다.
	▶ 전체로 부드럽게 킥한다.
호흡	▶ 얼굴을 너무 많이 들지 않고 호흡한다.
	▶ 롤링에 맞춰 호흡한다.

콤비네이션

▶ '오른팔과 왼다리', '왼팔과 오른다리'의 조합으로 강하게 찬다.

자유형은 팔과 다리를 좌우 번갈아 움직이는 영법이다. 오른팔로 만들어낸 속도가 떨어지는 타이밍에서 왼팔을 움직여서 다시 가속하기 때문에 일정하게 계속 나아갈 수 있다. 한 번의 팔 젓기로 얻을 수 있는 가속은 작지만 물의 저항에 의한 감속도 작기 때문에, 전체적으로 가속과 감속의 경사가 작은 속도 곡선이 그려진다.
스타트부터 목표지점까지를 생각했을 때 가장 빠르게 수영할 수 있을 뿐 아니라, 한쪽 팔이 풀을 하는 동안 다른 한쪽 팔은 쉴 수 있으므로 에너지 효율도 좋아서 장시간 수영하는 데 적합하다.

1 팔 캐치

손을 입수한 후, 손바닥으로 물을 잡는다. 이때 다른 한쪽 팔로 리커버리를 시작한다.

2 팔 풀

몸의 옆면까지 팔을 움직여서 물을 젓는다. 이때 다른 한쪽 팔은 리커버리한다.

3 팔 피니시

풀을 끝내고 손을 물 위로 꺼낼 때까지를 말한다. 이때 다른 한쪽 팔이 입수한다.

4 팔 리커버리

물 위에서 팔을 돌려서, 다음 입수에 대비한다. 이때 다른 한쪽 팔은 캐치부터 풀을 한다.

5 팔 입수

팔을 손끝부터 물에 넣는다. 이때 다른 한쪽 팔은 피니시한다.

다리 킥

양쪽 다리를 번갈아가며 위아래로 계속 움직인다.

팔

입수 직후 캐치해서
속도를 올린다

물속에서는 손으로 물을 뒤쪽으로 보냄으로써 추진력을 만들어낸다. 캐치는 가능한 한 빠르게
하고, 물을 젓는 시간은 길게 하는 것이 가장 효과적으로 가속하는 요령이다.

A 입수하고 바로 캐치한다

B 입수하고 잠시 있다가 캐치한다

A는 캐치하는 타이밍이 빠른
만큼 훨씬 많은 물을 젓는다.

타이밍이 빠를수록 많은 양의 물을 뒤쪽으로 보낼 수 있다

수영에서는 입수하고, 물을 잡아(캐치), 뒤쪽으로 보
냄(풀)으로써 앞으로 나아가는 힘, 즉 추진력을 만
들어내서 단숨에 가속한다. 특히 팔이 추진력을 만
드는 비율이 높은 자유형에서는 '입수 직후'에 캐치
를 하면 가장 크게 속도를 올릴 수 있다.
왜냐하면 물을 잡는 타이밍이 빠르면 빠를수록 더

욱 많은 물을 뒤쪽으로 보낼 수 있고, 그 반작용으
로 추진력도 늘어나기 때문이다. 오른쪽 위의 속도
곡선을 살펴보자. 입수 직후에 캐치한 쪽이 입수 후
잠시 있다가 캐치한 경우보다 가속하고 있다는 걸
데이터 상으로도 알 수 있다.

데이터로 검증한다 | 캐치 타이밍에 따른 속도 비교

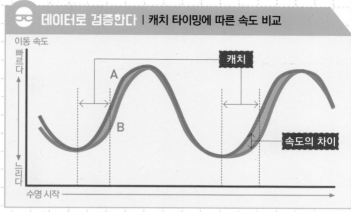

이동 속도

빠르다

느리다

캐치

A

B

속도의 차이

수영 시작

빠른 타이밍으로 캐치한 A와, 캐치가 느린 B를 속도 곡선으로 비교해보자. 캐치 후 급격히 세로축의 이동 속도가 빨라지고 있다. 이 속도의 차이가 쌓여서 결과적으로 A가 빨리 목표지점에 도달한다.

— A 입수하고 바로 캐치
— B 입수하고 잠시 있다가 캐치

이것도 NG

팔꿈치를 구부리면 가속되지 않는다

설령 빠르게 캐치를 하더라도 팔꿈치를 구부린 상태로 스트로크 하면 물을 확실하게 잡을 수 없다. 그렇기 때문에 물이 뒤쪽으로 보내지지 않고, 앞으로 나아가는 힘이 만들어지지 않아서 거의 가속되지 않는다.

팔꿈치를 구부리면 팔 전체에 힘이 들어가지 않아서 물을 확실하게 끌어 모을 수 없다.

다리 ①

킥으로
몸의 균형을 잡는다

전신이 좌우로 회전하는 롤링이 커지면 스트림라인이 무너져 스피드를 잃어버리는 원인이 된다.
킥으로 상반신과의 균형을 잡는 것이 중요하다.

킥 없음 ✖ 불필요한 움직임이 생긴다

킥을 하지 않으면 상반신의 롤링에 맞춰 하반신도 크게 움직이게 된다. 그러면 상반신에서 하반신으로 불필요한 움직임이 그대로 전해져서 스트림라인이 무너진다.

킥 있음 ⭕ 불필요한 움직임이 없어진다

킥을 하면 하반신은 상반신의 롤링 방향과 반대 방향으로 뒤틀리기 때문에, 서로 불필요한 움직임을 없애준다. 그렇게 몸의 큰 흔들림을 막아서 스트림라인을 유지할 수 있다.

팔을 돌릴 때 생기는 불필요한 움직임을 흡수한다

자유형의 추진력은 손으로 물을 저으면 얻을 수 있는데, 이때 팔만 억지로 돌리면 몸이 좌우로 회전하는 롤링이 과도하게 일어나서 몸의 중심축이 흔들리게 된다. 그렇게 되면, 스트림라인이 무너져서 물의 저항을 크게 받는다.

이러한 불필요한 움직임을 없애서 스트림라인을 유지하는 것이 킥의 역할이다. 킥은 추진력을 만들어 낸다기보다 불필요한 움직임을 흡수하기 위한 동작인 것이다. 힘차게 차면 에너지를 소비해버려서 효율적인 가속으로 이어지지 않는다. 올바른 킥을 하는 방법은 50~51쪽에서 자세히 설명한다.

수영의 메커니즘

지구형

영영

똥영

접영

스타트와 턴

◀━ 추진력
◀─ 물의 저항
◀-- 팔 젓기에 따른 물의 흐름

나아가고 싶은 방향 ←

✖ 킥 없음

물을 보내는 방향이 뒤쪽이 아니라 비스듬한 뒤쪽이 되기 때문에, 추진력이 진행 방향에 맞게 똑바로 작용하지 않는다. 또 진행 방향과 마주하는 면적이 커지기 때문에 물의 저항을 강하게 받게 된다.

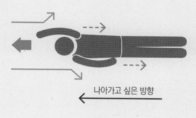

나아가고 싶은 방향 ←

⭕ 킥 있음

물을 보내는 방향이 바로 뒤가 되기 때문에, 추진력이 진행 방향에 맞게 똑바로 작용한다. 또 스트림라인에 가까운 자세가 유지되기 때문에 물의 저항을 최소한으로 줄일 수 있다.

+α

✖ 킥 없음

몸의 축이 흔들려서 물의 저항을 받는 면이 커진다.

⭕ 킥 있음

축이 흔들리지 않아서 물의 저항을 최소한으로 할 수 있다.

앞에서 봤을 때
축의 흔들림과 물의 저항

앞에서 보면, 킥을 하지 않는 경우에는 구불구불하게 불필요한 움직임이 생겨서 몸의 축이 흔들리고 물의 저항을 받는 면이 커지는 것을 알 수 있다. 하지만 킥을 하면 상반신의 뒤틀림이 없어지기 때문에 저항을 작게 받는다.

다리 ② 다리 전체를 사용해서 킥을 한다

자유형을 할 때는 고관절부터 발끝까지를 부드럽게 차서 균형을 유지한다. 물의 저항을 크게 받지 않는 자세로 수영하면 감속을 막을 수 있다.

무릎을 구부린다 ✖ 불필요한 움직임을 만든다

무릎을 편다 ⭕ 불필요한 움직임이 없어진다

다리는 고관절부터 크게 움직인다

앞에서 말한 것처럼(→48쪽 참고), 자유형의 킥은 추진력을 얻는다는 것보다 상반신과의 균형을 잡기 위한 동작이다. 힘껏 차더라도 효율적인 가속으로 연결되지는 않는다.

자유형에서는 고관절부터 발끝까지 다리 전체를 사용해서, 깃발이 바람에 나부끼는 느낌으로 부드럽게 차보자. 킥 동작을 할 때 무릎은 자연스럽고 부드럽게 구부러지는 느낌으로 움직여보자.

다리에 힘이 들어가면 무의식적으로 무릎이 구부러진다. 그래서 그 반동으로 하반신뿐만 아니라 상반신에도 불필요한 힘이 전달되어 균형이 무너져서 감속으로 이어지게 된다.

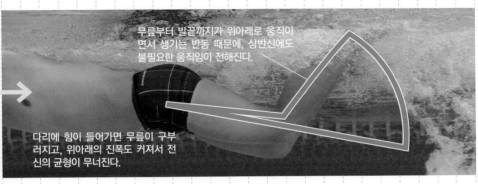

무릎부터 발끝까지가 위아래로 움직이
면서 생기는 반동 때문에, 상반신에도
불필요한 움직임이 전해진다.

다리에 힘이 들어가면 무릎이 구부
러지고, 위아래의 진폭도 커져서 전
신의 균형이 무너진다.

다리를 부드럽게 움직이기 때문에
반동을 작게 할 수 있다.

발목 부분부터 발끝까지를 사용해서
깃발이 나부끼는 듯한 킥(플러터 킥)을
하면 전신의 균형이 무너지지 않는다.

+α

✕ 무릎을 구부린 킥

큰 물보라가 일어나는 경우에는
무릎이 구부려져 있을 가능성이
있다.

◎ 무릎을 펴는 킥

무릎을 구부리지 않는 부드러운
킥을 하면 물보라가 별로 일어나
지 않는다.

물보라는 저항을
받고 있다는 증거이다

물보라는 물체가 물에 부딪치면서 생긴
다. 물보라가 크다면 그만큼 큰 저항을
받고 있다는 증거이다. 킥 때문에 물보
라가 크게 일어나는 경우는, 킥에 힘이
들어가서 무릎이 구부려져 있다고 볼
수 있다. 무릎을 구부리지 말고 차보도
록 하자.

호흡 ① 호흡에서는 얼굴을 너무 많이 들지 않는다

평영이나 접영에 비해 자유형은 저항을 크게 받지 않고 호흡할 수 있다.
그만큼 얼굴을 드는 동작이 크면 몸의 축이 좌우로 흔들려서 크게 감속하는 원인이 된다.

얼굴을 너무 많이 든다 ✖ 물의 저항을 받는다

게다가 얼굴을 많이 들면
다시 얼굴을 내리는 동작이
필요하므로 감속된다.

입만 수면에 나온다 ◎ 물의 저항이 최소이다

얼굴을 물속으로 되돌릴 때의 움직임
도 작기 때문에, 가장 효과적으로 다
음 동작과 연결되고 감속도 최소가
되어 더욱 빠르게 나아간다.

축이 흔들리지 않는 범위 내에서 얼굴을 조금만 든다

자유형에서는 호흡할 때 얼굴을 많이 들지 않는 것이
물의 저항을 최소화하는 요령이다. '입이 수면에 겨
우 나오는 정도'를 기준으로 삼아보자.
얼굴 전체가 수면에 나올 정도로 얼굴을 많이 들면,
평영과 동일하게 가슴으로 물의 저항을 받아서 크
게 감속하게 된다.

또한 많이 든 얼굴을 내리는 동작이 필요하기 때문
에 몸이 위아래로 움직여서 스트림라인을 무너뜨릴
뿐만 아니라 불필요한 에너지를 소비하게 된다.
54~55쪽에서 설명한대로 롤링의 움직임에 자연스
럽게 맞추면 얼굴을 많이 들게 되는 걸 쉽게 방지할
수 있다.

수영의 메카니즘

자유형

평영

배영

접영

스타트와 턴

얼굴을 많이 들면 가슴의 넓은 범위
가 물의 저항을 정통으로 받는다.

이만큼,
가속에 차이가 난다

입이 수면에 겨우 나오는 정도로 고개
를 든다면 가슴은 옆으로만 향하게 되
어서 물의 저항을 별로 받지 않는다.

이것도
NG

얼굴을 앞으로 들어도 감속으로 이어진다

호흡이 서툰 경우, 옆이 아니라 앞을 향해 얼굴을
드는 사람도 있다. 이렇게 되면 옆으로 얼굴을 많이
드는 것 이상으로 큰 저항을 받아 감속으로 이어
진다. 일단은 옆으로 얼굴을 드는 연습부터 시작해
서, 좀 익숙해지면 얼굴을 드는 정도를 줄여보자.

얼굴을 앞쪽으로 들면 가슴이
정통으로 물의 저항을 받는다.

53

롤링에 맞춰 호흡한다

호흡은 상반신의 롤링과 맞춰가며 실행하면 매우 원활하다.
롤링과 상관없이, 목을 뒤틀어서 얼굴만 수면에 내놓는 것은 좋지 않은 호흡 동작이다.

앞에서 봤을 때

몸의 축은 어긋나지 않게, 얼굴은
롤링에 맞게 움직여 호흡한다.

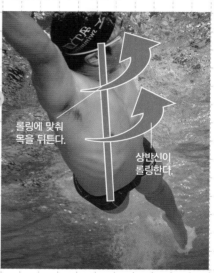

롤링에 맞춰
목을 뒤튼다.

상반신이
롤링한다.

목을 옆으로 뒤틀어서 얼굴을 든다는 생각은 하지 말자

자유형이나 배영의 특징 중 하나가 '롤링'이다. 자유형을 할 때, 이러한 롤링에 호흡할 타이밍을 맞추면 좋다.

롤링으로 자연스럽게 몸이 회전했을 때, 그 상반신의 움직임에 맞춰서 얼굴을 옆으로 돌리면 저절로 얼굴이 수면에 나온다. 그 타이밍에 재빠르게 호흡을 하자. 그러면 호흡으로 인한 감속을 막을 수 있다.

롤링과 상관없이 호흡을 위해서만 목을 비틀어서 들면, 몸의 중심축이 어그러져 스트림라인이 무너지고, 물의 저항을 받아 감속으로 이어지게 된다.

위에서 봤을 때

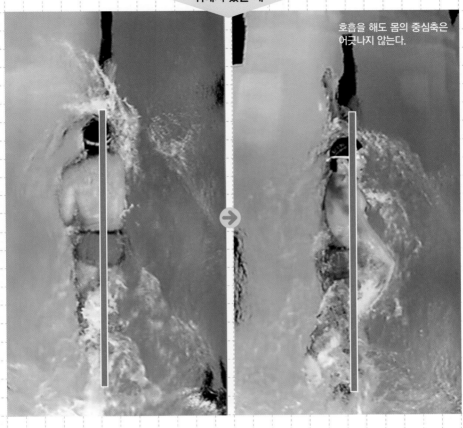

호흡을 해도 몸의 중심축은
어긋나지 않는다.

옆에서 봤을 때

호흡을 해도 몸의 중심축은
어긋나지 않는다.

수영의 메카니즘

자유형

평영

배영

접영

스타트와 턴

팔과 다리가 대각선이 될 때 강하게 킥한다

6비트로 수영할 경우, 첫 번째와 네 번째 킥은 강하게 차고 다른 킥은 약하게 차면서 리드미컬하게 수영하는 게 중요하다. 호흡은 롤링에 맞춰 자연스럽게 실행한다.

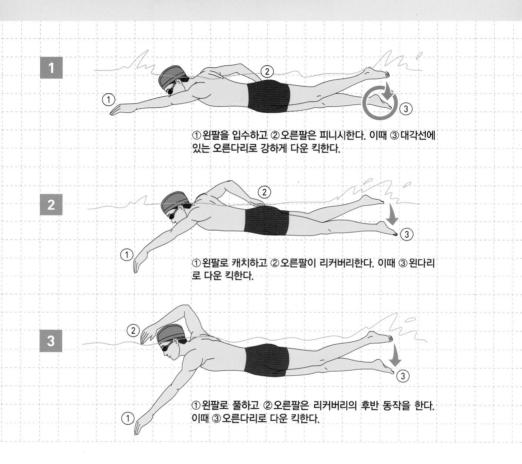

1 ①왼팔을 입수하고 ②오른팔은 피니시한다. 이때 ③대각선에 있는 오른다리로 강하게 다운 킥한다.

2 ①왼팔로 캐치하고 ②오른팔이 리커버리한다. 이때 ③왼다리로 다운 킥한다.

3 ①왼팔로 풀하고 ②오른팔은 리커버리의 후반 동작을 한다. 이때 ③오른다리로 다운 킥한다.

입수, 캐치, 리커버리에서 한 번씩 다운 킥한다

자유형 영법은 한 번의 스트로크(좌우 팔을 한 번씩 젓는다) 동안에 몇 번 킥을 하는지에 따라서 2비트, 4비트, 6비트 등으로 나뉜다. 이 책에서는 스트로크를 한 번 하는 동안에 여섯 번 킥을 하는 6비트로 설명하고 있는데, 이 방법이 100~200미터 거리를 수영하는 데 최적이기 때문이다. 6비트에서는 '왼

팔의 입수와 오른다리의 다운 킥', '오른팔의 입수와 왼다리의 다운 킥'의 조합일 때 가장 큰 힘을 발휘할 수 있으므로 이때 강하게 찬다. 즉, 입수할 때 대각선에 있는 다리로 다운 킥한다고 기억해두면 좋다.
호흡은 얼굴을 드는 쪽 팔의 리커버리 타이밍에 실행한다.

수영의 메카니즘

지유형

4

①오른팔을 입수하고 ②왼팔은 피니시한다. 이때 ③대각선에
있는 왼다리로 강하게 다운 킥한다. 롤링에 맞춰서 ④얼굴을
들기 시작한다.

평영

5

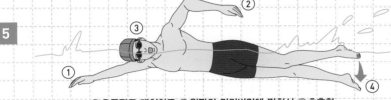

①오른팔로 캐치하고 ②왼팔의 리커버리에 맞춰서 ③호흡한
다. 이때 ④오른다리로 다운 킥한다.

배영

6

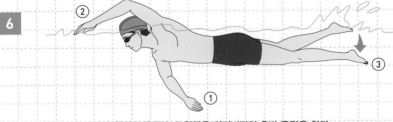

①오른팔로 풀하고 ②왼팔은 리커버리의 후반 동작을 한다.
이때 ③왼다리로 다운 킥한다.

접영

스타트와 턴

+α

호흡의 타이밍

얼굴을 드는 쪽의 팔이 피니시 동작
에 들어갈 때, 얼굴을 들기 시작함
과 동시에 숨을 내뱉기 시작하여 피
니시 동작이 완료될 때 숨을 내뱉는
걸 끝내도록 한다.

그리고 리커버리 동작을 할 때 롤링
에 맞춰 얼굴을 들고 단숨에 숨을
들이마시고, 빠른 타이밍으로 캐치
해서 가속으로 연결한다.

내뱉는다

팔이 피니시 동작을 하
는 단계에서 숨 뱉기를
끝낸다.

들이
마신다

팔이 리커버리 동작을
하는 단계에서 얼굴을
들고 단숨에 숨을 들이
마신다.

빠른 타이밍으로 캐치해서 가속으로 연결한다

> **!** 뒤쪽으로 물을 보낸다.

저항을 늘리는 요소를 가능한 한 배제하고 수영한다

자유형에서는 손을 입수하는 것과 거의 동시에 물을 캐치해서 대량의 물을 뒤쪽으로 보낸다. 그렇게 추진력을 얻어 앞으로 나아간다. 가능한 한 빠른 타이밍으로 캐치하면, 그만큼 많은 물을 저을 수 있으므로 효율적으로 가속할 수 있다.

또 팔을 저을 때 생기는 상반신의 롤링을 적당히 없애는 것이 킥의 역할이다. 킥으로 균형을 잡아서 저항이 적은 자세를 유지하자.

호흡에서는 머리를 너무 많이 들지 않도록 한다. 롤링에 맞춰 자연스럽게 얼굴을 들면 물의 저항을 최소한으로 줄일 수 있다.

자유형에서는 빠른 캐치로 물을 젓고, 킥으로 좌우의 과도한 롤링을 없애서 스트림라인을 유지한다.
호흡은 롤링에 맞춰서 최소한의 움직임으로 실행한다.

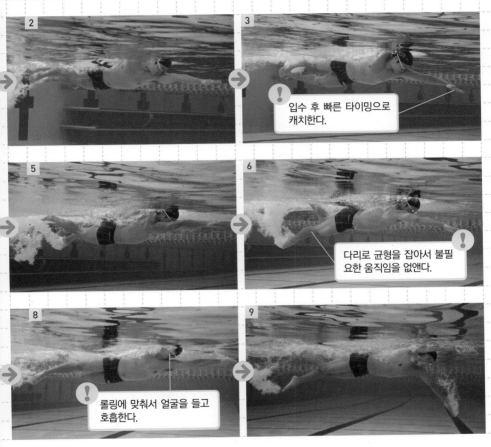

2

3

입수 후 빠른 타이밍으로
캐치한다.

5

6

다리로 균형을 잡아서 불필
요한 움직임을 없앤다.

8

9

롤링에 맞춰서 얼굴을 들고
호흡한다.

10

11

손 입수 후에는 스트림라인을
유지한다.

한쪽 손 패들 풀, 같은 쪽 발 핀 킥

 목표 ▶▶ 빠른 타이밍으로 힘찬 캐치를 할 수 있게 된다.

견갑골에서 팔꿈치까지를 사용해서
쭉 펴고 힘차게 젓는다.

도구

패들 / 핀

핀은 뒤쪽으로 보내는 물의 양을 늘려주기 때문에 추진력이 커진다. 그렇게 되면 패들을 끼운 손의 손가락 끝을 아래쪽으로 약간 기울이는 것만으로도 편하게 캐치로 이행할 수 있다. 따라서 입수 후 바로 캐치를 하는 연습이 된다. 핀을 끼운 발의 킥에 맞춰, 견갑골부터 팔꿈치까지를 사용해서 힘차게 캐치해보자.

하는 방법

한쪽 손에 패들을, 같은 쪽 발에 핀을 끼우고 25m 수영한다. 왼손과 왼발이 끝나면, 오른손과 오른발에 바꾸어 끼운다.

한쪽 손 패들 풀,
대각선 쪽 발 핀 킥

 스트림라인 자세를 취할 수 있게 된다.

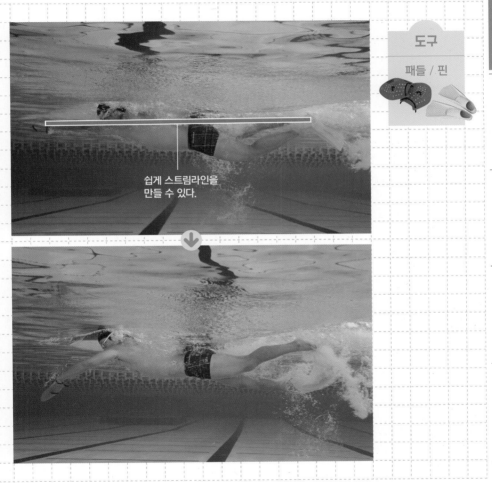

쉽게 스트림라인을
만들 수 있다.

도구

패들 / 핀

입수한 후 자세가 펴지고, 올바른 스트림라인을 의식할 수 있게 된다. 핀을 끼운 발의 킥 때문에 추진력이 커지므로, 패들을 끼운 손이 가라앉지 않은 채로 멀리까지 펴진다. 즉 전신을 쭉 펼 수 있게 되는 것이다. 그러면 손끝부터 발끝까지 펴지는 스트림라인 자세를 비교적 쉽게 잡을 수 있고, 스피드 타는 감각을 잡을 수 있다.

하는 방법

한쪽 손에 패들을, 대각선 쪽 발에 핀을 끼우고 25m 수영한다. 끝나면, 반대쪽 손과 발에도 동일하게 끼우고 25m 수영한다.

헤드 업 풀

 목표 >> 빠른 타이밍으로 힘찬 캐치를 할 수 있게 된다.

도구

풀 부이

머리를 든 채로 수영한다.

빠른 타이밍으로 캐치를 하기 위한 연습법이다.
머리를 들고 있어서 부심이 위로 이동하고, 그 결과 중심과의 거리
가 멀어져서 쉽게 가라앉게 된다. 가라앉지 않으려면 빠른 피치로
스트로크를 해야 한다. 빠른 피치로 수영하려고 하면, 자연스럽게
캐치의 타이밍도 빨라진다. 다만 팔꿈치부터 먼저 뒤쪽으로 움직이
거나 피니시에서 너무 힘껏 젓지 않도록 주의하자.

하는 방법

하반신이 가라앉지 않도록
허벅지에 풀 부이를 끼우고,
머리를 든 채로 앞을 보고
25m 수영한다.

연습법 ④

한쪽 손 풀

목표 올바른 롤링을 할 수 있게 된다.

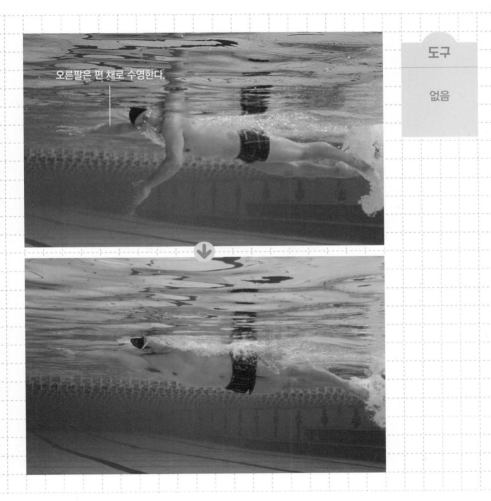

오른팔은 편 채로 수영한다.

도구
없음

과도한 롤링은 감속의 요인이 된다. 이 연습을 통해 적당한 롤링 감각을 몸에 익힐 수 있다. 한쪽 팔만으로 저으면, 다른 쪽 팔은 편 채 가만히 있느라 한쪽으로 회전된 몸을 되돌릴 수 없게 된다. 그러므로 가능한 한 몸이 크게 회전하거나, 좌우로 흔들리거나 하지 않게 똑바로 나아가도록 의식한다. 다른 쪽 팔로도 이 동작을 실행해보고, 롤링의 감을 잡았다면 일반적인 자유형에서 시험해보자. 앞쪽의 물을 더 많이 캐치하도록 전신을 펴고 팔을 젓는 것이 포인트이다.

하는 방법

한쪽 팔만으로 스트로크를 해서 25m 수영한다. 다리는 일반 킥을 한다. 동일하게 양팔 다 해보자.

63

어시스트 스윔

목표 ▷ 스트로크와 킥의 정확한 타이밍을 몸에 익힌다.

지상에서 튜브를
끌어당긴다.

도구

튜브

튜브로 끌어당기기 때문에 자기 힘으로 수영하는 것보다 빠른 속도로
수영하게 되어 더욱 커다란 저항을 받는다. 커다란 저항이 몸의 어디에
서 느껴지는지를 확인해서, 가능한 한 저항이 적은 자세로 수영하자. 속
도에 밀리지 않도록 힘차게 스트로크와 킥을 할 필요가 있다.
이 연습을 계속하면 정확한 타이밍에 스트로크와 킥을 조합할 수 있고,
불필요한 감속 없이 수영할 수 있게 된다.

하는 방법

허리에 장착한 튜브를
지상에서 끌어당기도록
하고 25m 수영한다.

레지스트 스윔 ①

 목표 >>> 스트로크와 킥의 정확한 타이밍을 몸에 익힌다.

도구

패러슈트

패러슈트가 만드는
저항에 맞서 수영한다.

커다란 저항을 만들어내는 패러슈트를 끌어당기면서 수영하면, 팔로 큰 추진력을 만들어내는 연습을 할 수 있다.
저항에 맞서 한 번의 풀로 확실하게 나아갈 수 있도록 손의 방향이나 스트로크 동작, 타이밍을 생각하며 수영한다.
이 연습을 계속하면 감속의 요소가 적은 효율적인 스트로크로 가장 효과적인 수영을 할 수 있다.

하는 방법

허벅지에 풀 부이를 끼우고, 허리에 장착한 패러슈트를 끌어당겨 15m 정도 수영한다. 저항이 크므로 무리 없이 할 수 있는 거리로 정한다.

65

레지스트 스윔 ②

 목표 >> 스트로크로 커다란 추진력을 만들어낼 수 있게 된다.

도구

스펀지

패러슈트 대신에 스펀지를 사용한다.

패러슈트가 없는 경우에는 스펀지 등을 대신 사용할 수 있다. 저항을 만들어내는 스펀지를 끌어당겨 수영함으로써 팔로 커다란 추진력을 만들어내는 연습을 할 수 있다.

패러슈트를 사용하는 연습과 마찬가지로 저항에 맞서 한 번의 풀로 확실하게 나아갈 수 있도록 손의 방향이나 스트로크 동작, 타이밍을 생각해서 수영한다. 감속의 요인이 적은 효율적인 스트로크로 가장 효과적인 수영을 할 수 있게 된다.

하는 방법

길고 가느다란 스펀지 등 부력이 있는 것을 묶는다. 허벅지에 풀 부이를 끼우고, 허리에 스펀지를 연결해서 당기면서 15m 정도 수영한다. 저항이 크므로 무리 없이 할 수 있는 거리로 정한다.

PART 3

평영

BREASTSTROKE

평영은
가속도 크고 감속도 크기 때문에
더 좋은 테크닉이 필요하다

평영의 속도 곡선

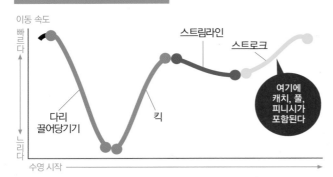

이동 속도

빠르다

느리다

다리 끌어당기기

킥

스트림라인

스트로크

여기에 캐치, 풀, 피니시가 포함된다

수영 시작

속도 곡선의 특징

가속과 감속의 경사가 큰 곡선이다. 다리 끌어당기기 동작 때문에 크게 감속하지만, 끌어당긴 다리를 차낼 때 급격하게 가속한다. 다리의 움직임(끌어당기기와 킥)과 팔의 움직임(스트로크)이 나뉘어 있는 것도 특징이다.

실력 향상 포인트

팔 ▶ 저을 때 팔을 벌리지 않는다.
　 ▶ 앞 팔을 세워서 살짝 안쪽으로 구부려 팔을 젓는다.

다리 ▶ 다리를 끌어당길 때 각도는 120도로 한다.
　 ▶ 킥은 뒤쪽으로 찬다.

호흡 ▶ 얼굴을 들 때의 각도는 45도로 한다.
　 ▶ 호흡은 팔의 움직임과 연동시킨다.

콤비네이션

　 ▶ 피니시에서 다리를 끌어당기고 얼굴을 들어 단숨에 숨을 들이쉰다.

평영은 양쪽 팔과 양쪽 다리를 각각 동시에 움직이는 영법이다. 양쪽 다리를 끌어당겨 뒤로 차냄으로써 추진력을 얻는데, 그 다리를 끌어당길 때 물의 저항을 크게 받는다.

또한 평영은 얼굴을 들어서 호흡을 하므로, 이때에도 큰 저항을 받는다. 그렇기 때문에 진행 방향과 마주하는 면적을 얼마나 작게 만들 수 있는지가 실력 향상의 열쇠가 된다. 평영은 저항을 받는 타이밍에서는 감속하고, 킥을 할 때는 크게 가속하기 때문에 가속과 감속의 경사가 큰 속도 곡선이 그려진다.

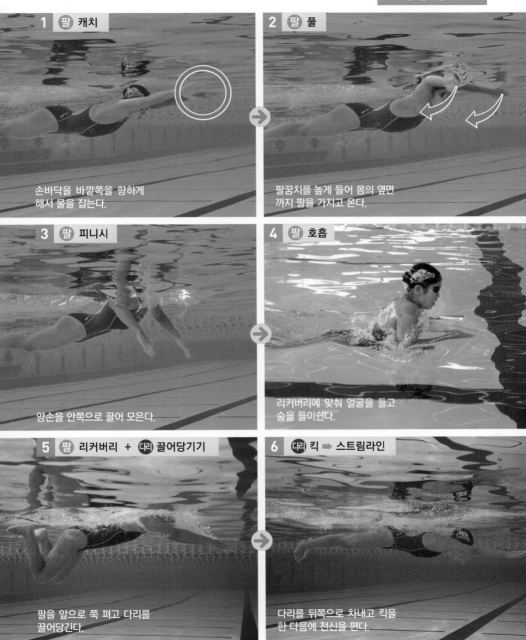

1 팔 캐치

손바닥을 바깥쪽을 향하게
해서 물을 잡는다.

2 팔 풀

팔꿈치를 높게 들어 몸의 옆면
까지 팔을 가지고 온다.

3 팔 피니시

양손을 안쪽으로 끌어 모은다.

4 팔 호흡

리커버리에 맞춰 얼굴을 들고
숨을 들이쉰다.

5 팔 리커버리 + 다리 끌어당기기

팔을 앞으로 쭉 펴고 다리를
끌어당긴다.

6 다리 킥 ➡ 스트림라인

다리를 뒤쪽으로 차내고 킥을
한 다음에 전신을 편다.

간결하게 저어서
저항을 줄인다

평영은 가속과 감속을 반복하므로 스피드의 최고점과 최저점이 둘 다 크다. 가속할 때에는 최고점의 크기를 최대로 만들고, 감속할 때에는 스피드가 떨어지는 최저점의 높이가 너무 깊지 않게 한다.

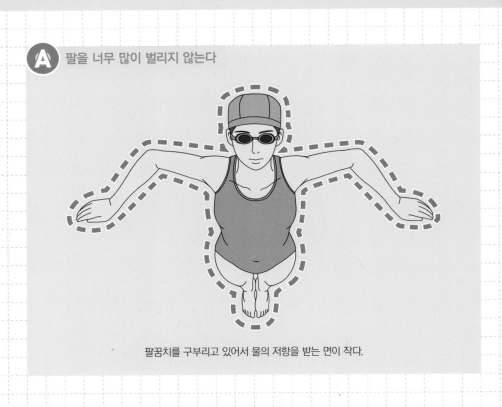

A 팔을 너무 많이 벌리지 않는다

팔꿈치를 구부리고 있어서 물의 저항을 받는 면이 작다.

팔은 옆이 아니라 뒤를 향해 움직인다

평영의 특징 중 하나는 팔을 크게 돌려서 젓는 것이다. 그런데 좌우로 팔을 벌리면, 물의 저항을 받는 몸의 면적이 넓어져서 가속에 브레이크가 걸리게 된다.

그리고 물을 저어서 가속하고 있을 때 급하게 다음 팔 젓기를 실행해도, 모처럼 만들어낸 스피드를 잃는다.

그렇게 되지 않으려면 팔을 좌우로 벌려서 가로 방향으로 움직이지 말고, 팔꿈치를 구부려 간결하게 뒤쪽을 향해 움직여야 한다. 손바닥을 뒤쪽으로 향하게 하고 몸과 가까운 곳의 물을 뒤쪽으로 밀어내보자.

B 팔을 크게 벌린다

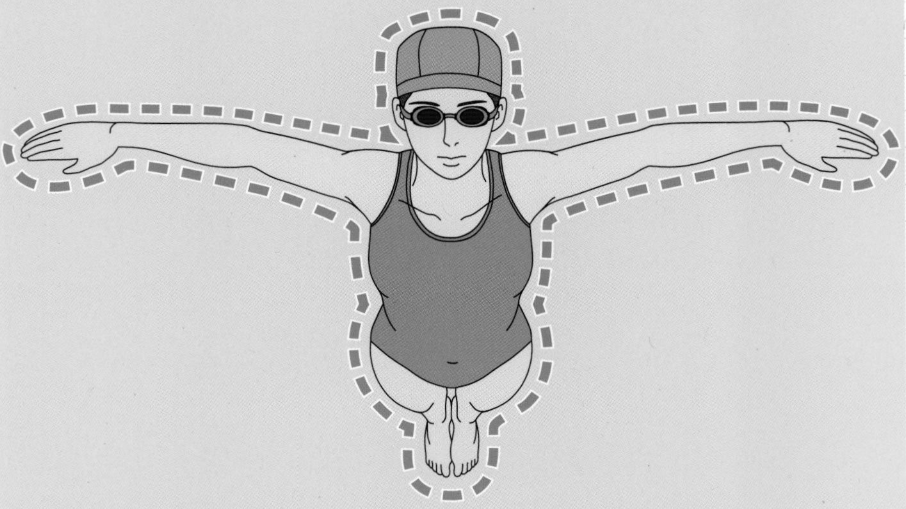

팔꿈치가 펴져 있고 좌우로 크게 벌려져 있어서, 더 큰 물의 저항을 받는다.

데이터로 검증한다 | 팔 벌리는 방식에 따른 속도 차이

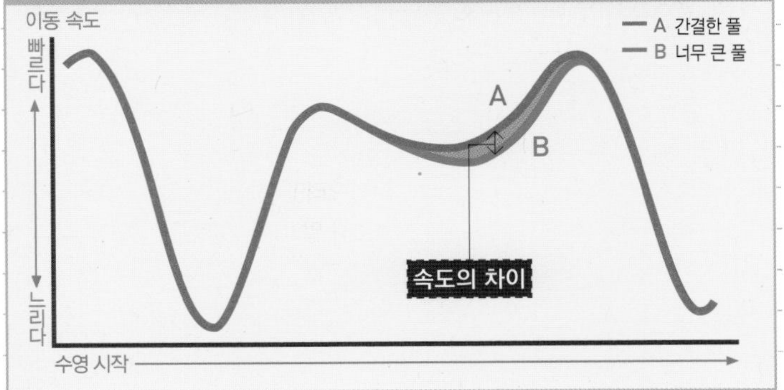

이동 속도
빠르다
느리다
수영 시작

— A 간결한 풀
— B 너무 큰 풀

A
B

속도의 차이

캐치부터 풀까지 팔을 많이 벌리지 않은 A와 팔을 크게 벌린 B를 비교해보자. 세로축에서 보면 팔을 많이 벌리지 않은 간결한 풀을 한 A가 높은 위치에 있고, 속도가 빠르다는 점을 알 수 있다. 이러한 속도 차이가 축적되면 A가 훨씬 빨리 목표지점에 도달하게 된다.

팔 ② 앞 팔을 세우고 살짝 안쪽으로 구부려 팔을 젓는다

평영에서 추진력을 만들어내는 비율이 높은 건 다리이지만, 팔의 비율도 아예 없지는 않다.
팔을 잘 활용하면 가속할 때 상당히 효과적인 원동력이 된다.

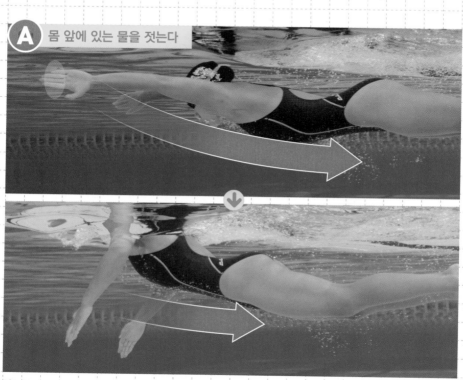

A 몸 앞에 있는 물을 젓는다

팔꿈치를 구부리고 앞 팔을 세워 몸 앞에 있는 물을 뒤쪽으로 보낸다.

몸 앞에 있는 물을 힘차게 뒤쪽으로 보낸다

팔을 좌우로 벌리면 물을 캐치하는 팔이 물의 얕은 곳을 지나가게 되고, 수면에 미끄러지듯이 움직이게 되어서 효과적으로 많은 물을 저을 수 없다는 단점이 있다. 주로 팔을 팔꿈치부터 먼저 당기듯이 저으면 이렇게 되는 경향이 있다.

좌우로 넓게 팔을 저어 몸 옆에 있는 물을 뒤쪽으로 보내는 게 아니라, 팔꿈치를 90도 정도로 확실하게 구부리고 앞 팔을 수직으로 세워서 양손으로 몸 앞에 있는 물을 뒤로 힘껏 누르는 느낌으로 저으면 추진력을 만들 수 있다.

B 몸 옆에 있는 물을 젓는다

팔꿈치를 앞 팔보다 먼저 뒤쪽으로 당기면, 수면 근처 혹은 몸 옆에 있는 물을 표면적으로 젓게 된다.

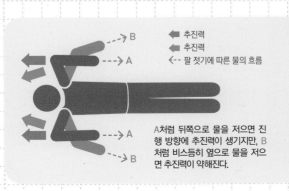

A처럼 뒤쪽으로 물을 저으면 진행 방향에 추진력이 생기지만, B처럼 비스듬히 옆으로 물을 저으면 추진력이 약해진다.

── 추진력
── 추진력
←-- 팔 젓기에 따른 물의 흐름

🏊 도해로 검증한다

**물을 젓는 방향이
추진력의 방향을 좌우한다**

수영에서는 물을 앞뒤로 저어야 진행 방향으로 추진력이 생긴다. 팔을 벌려서 젓는 평영의 경우, 바로 뒤쪽으로 물을 젓지 않는 경우를 많이 볼 수 있다. 왼쪽의 그림을 참고해보자.

다리 ① 몸통과 허벅지의 각도는 120도로 한다

차기 전에 다리를 끌어당기는 움직임은 평영 특유의 동작이다. 이때, 다리를 너무 많이 끌어당기면 물의 저항을 크게 받아 감속하게 된다. 끌어당기는 정도는 120도라고 외워두자.

B 무릎을 너무 많이 끌어당긴다

A 무릎을 120도로 끌어당긴다

120도

허벅지를 너무 세우면 물의 저항을 받는다

평영에서는 추진력의 80% 정도를 다리가 담당한다. 그래서 다리로 물을 확실하게 차는 것이 중요하다. 일단 차기 전에 다리를 끌어당기는데, 이때 몸과 허벅지의 각도를 120도가 될 정도로 끌어당기는 것이 가장 적당하다. 이 정도의 각도라면 허벅지에 받는 물의 저항을 최소한으로 하면서 힘차게 차낼

수 있다.

몸통과 허벅지의 각도를 90도 정도로 확실하게 끌어당기면, 물의 저항을 크게 받아서 감속으로 이어진다. 또 차낼 때 발이 움직이는 거리가 커져서 팔과 다리의 움직임의 균형을 무너뜨리게 된다.

수영의 메커니즘

자유형

평영

배영

접영

스타트와 턴

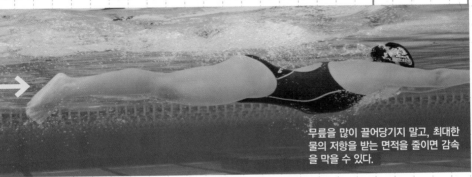

무릎을 너무 많이 끌어당기면 물의 저항을 허벅지에 정통으로 받게 되어 크게 감속한다. 게다가 그 상태로 킥을 하기 때문에 발이 움직이는 거리가 커지고 움직임의 균형이 무너진다.

이만큼, 가속에 차이가 난다.

무릎을 많이 끌어당기지 말고, 최대한 물의 저항을 받는 면적을 줄이면 감속을 막을 수 있다.

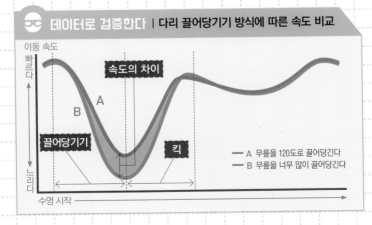

데이터로 검증한다 | 다리 끌어당기기 방식에 따른 속도 비교

이동 속도

빠르다

속도의 차이

B　A

끌어당기기　킥

느리다

수영 시작

— A 무릎을 120도로 끌어당긴다
— B 무릎을 너무 많이 끌어당긴다

평영에서는 다리를 끌어당길 때 크게 감속하고, 킥을 할 때 급격하게 가속한다. 몸통과 허벅지가 만드는 각도가 120도인 A와 90도인 B를 비교해보자. 세로축에서 보면 A가 높은 위치에 있고, 속도가 빠르다는 걸 알 수 있다. 이러한 속도 차이가 쌓여서 결과적으로 기록의 차이가 된다.

다리 ② 옆이 아닌 바로 뒤로 찬다

다리를 끌어당긴 후에 차는 킥은 추진력으로 직접 연결되는 중요한 동작이다.
가속으로 연결하려면 비스듬한 옆쪽으로 차지 말고, 정강이 안쪽을 사용해 뒤쪽으로 차도록 하자.

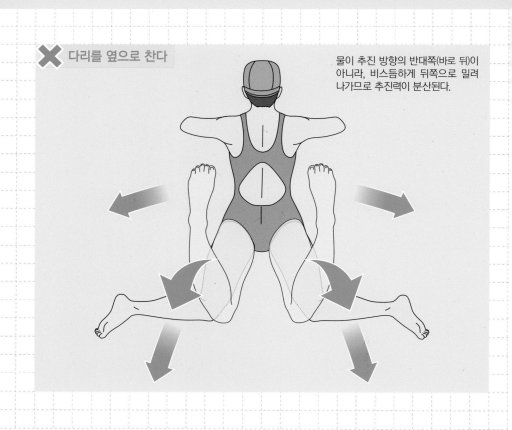

❌ 다리를 옆으로 찬다

물이 추진 방향의 반대쪽(바로 뒤)이 아니라, 비스듬하게 뒤쪽으로 밀려 나가므로 추진력이 분산된다.

다리는 크게 벌리지 말고 뒤쪽을 향해 찬다

평영 킥의 기본은 '진행 방향과 반대로 차는 것'이다. 효율적으로 가속하려면 비스듬한 옆이 아닌, 바로 뒤를 향해 차도록 하자. 그러면 물이 뒤쪽으로 보내져서 그 반작용으로 진행 방향을 향한 추진력이 생긴다.
다리를 크게 벌리지 말고 정강이 사이(안쪽)로 차듯

이 하면, 바로 뒤쪽으로 찰 수 있게 된다.
이전에는 다리를 좌우로 크게 벌리고 물을 양쪽 다리로 잡아서 바깥으로 미는 힘으로 나아가야 한다고 배웠지만, 이렇게 하면 진행 방향에 불필요한 움직임으로 이어진다.

수영의 메카니즘

자유형

평영

배영

접영

스타트와 턴

⭕ 다리를 바로 뒤로 찬다

추진 방향의 반대인 바로 뒤쪽으로 물이 밀려나가므로, 추진력을 잃어 버리지 않고 발휘할 수 있다.

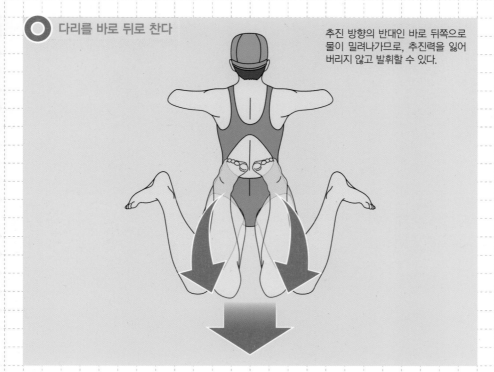

정강이 안쪽으로 물을 민다는 느낌으로 차보자.

다리는 뒤쪽을 향해 움직인다

정강이 안쪽으로 물을 미는 듯이 움직이면 쉽게 다리를 뒤쪽으로 찰 수 있다. 반대로 정강이 바깥쪽으로 물을 밀면 결과적으로 비스듬히 옆 방향으로 차내게 된다. 킥이 올바르게 되지 않는 것 같다면 이 부분을 의식하고 킥을 해보자.

일어나는 동작은 최소한으로 한다

평영에서 호흡할 때는 얼굴을 들기 때문에 정면에서 오는 물의 저항을 가슴으로 받게 되므로 동작이 너무 커지지 않게 주의한다. 체간을 안정된 상태로 유지하고, 호흡을 마치면 신속히 물속으로 되돌아가자.

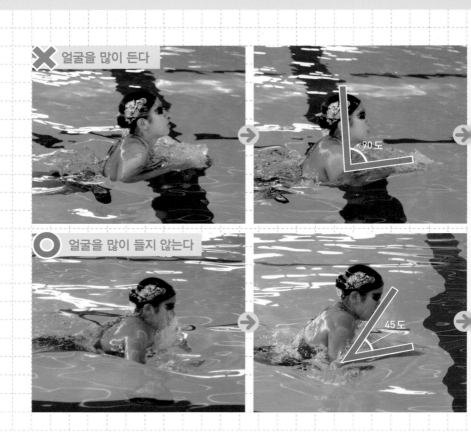

❌ 얼굴을 많이 든다

90도

⭕ 얼굴을 많이 들지 않는다

45도

수면과 상체의 각도는 45도 정도를 유지한다

평영에서 호흡을 할 때는 바로 정면에서 오는 물의 저항을 정통으로 받는다. 저항은 감속으로 직결되므로, 가능한 한 얼굴을 들지 않고 호흡하는 것이 바람직하다.

수면과 상체가 만드는 각도는 최대 45도 정도로 하자. 그렇게 하면 감속하는 시간은 물론, 얼굴을 물

속으로 되돌릴 때까지의 시간도 단축할 수 있어서 불필요한 에너지도 소비되지 않는다. 결과적으로 스피드가 올라간다.

호흡할 때는 부력의 도움 없이 물 위로 상체를 일으키므로 체간을 지탱하는 복근군, 배근군을 단련해 두는 것이 중요하다.

수면과 상체의 각도가 90도인 경우, 가슴이 물의 저항을 크게 받을 뿐 아니라 물속으로 되돌아갈 때도 시간과 에너지를 소비하게 된다.

수면과 상체의 각도가 대략 45도인 경우, 호흡 후에 훨씬 빠르게 물속으로 되돌아갈 수 있다.

🏊 도해로 검증한다

킥의 힘은 상체가 들리는 데에도 영향을 준다.

킥이 너무 강한 경우에도 상체가 많이 들린다

뒤쪽으로 킥을 하는 힘이 너무 강하면, 그 반동으로 상체가 쉽게 들리는 경우도 있다. 왼쪽의 그림에서 그 메커니즘을 살펴보자. 상체가 과도하게 들리지 않도록 킥의 강도를 시험하고 모색해보자.

호흡 ② 팔의 움직임과 연동시켜 호흡한다

호흡에 의해 상체가 너무 들리게 되면, 그 다음에는 중력의 영향 때문에 반드시 몸이 아래로 가라앉게 된다. 이를 방지하기 위해서 손은 아래가 아닌 뒤쪽으로 움직인다는 기본을 다시 확인하자.

물을 뒤쪽으로 젓는다.　　물을 아래쪽으로 젓는다.

물을 아래로 밀어버리면, 불필요한 위아래 움직임이 발생한다

호흡에서 팔로 물을 저을 때 '손으로 물을 눌러서 밑으로 내리는 동작'은 필요 이상으로 상체가 높이 들리는 원인이 된다. 밑으로 누르지 말고, 뒤쪽으로 확실하게 많은 물을 보내도록 움직이자. 그렇게 하면 진행 방향으로의 추진력을 잃지 않는다.

상체가 수면으로 많이 올라오면 호흡이 끝난 후 입수할 때, 반동으로 더욱 아래쪽으로 가라앉게 되고 결과적으로 몸이 물결치면서 위아래로 움직임이 발생한다. 위아래 움직임이 생기면 스트림라인이 무너지고 물의 저항을 크게 받아 감속으로 이어진다.

물을 뒤쪽으로 보내는 팔의 움직임과 이와 연동시킨 호흡을 의식해보자.

물을 아래로 밀면 ✕ 얼굴이 너무 많이 들린다

물을 아래쪽으로 밀면, 그 반동 때문에 상체가 많이 들리게 된다.

물을 뒤쪽으로 저으면 ◯ 얼굴이 별로 들리지 않는다

물을 뒤쪽으로 저으면, 몸이 위로 조금만 들려서 비교적 저항이 적은 호흡을 할 수 있다.

+α

◯ 턱을 당겨 얼굴을 많이 들지 않는다 ✕ 턱이 들려서 얼굴도 위를 향한다

시선을 진행 방향의 수면에 두고 상체가 많이 들리는 걸 막는다

턱을 당기고 시선을 진행 방향의 수면에 둔 채 수영하면 상체가 많이 들리지 않는다. 반대로 진행 방향의 풀사이드를 보느라 턱이 들려 있으면 자연스럽게 상체도 들리는 경향이 있으니 주의하자.

콤비
네이션

팔을 앞쪽으로 폄과 동시에
강하게 찬다

평영에서는 팔과 다리가 연동되지 않아서, 앞으로 전혀 나아가지 않는 경우도 많다. 캐치, 풀, 피니시 각 단계에서 킥을 어떻게 맞출 것인지를 반복 연습을 통해 확실하게 알아두자.

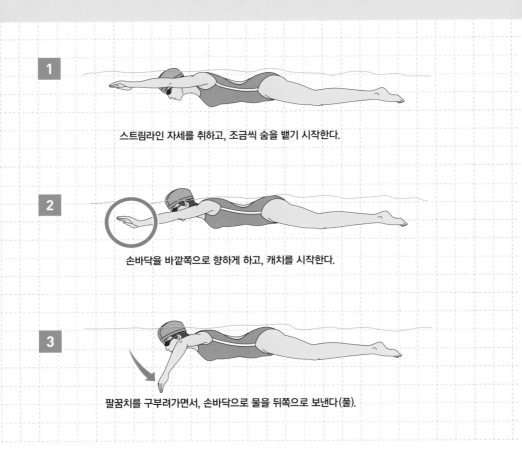

1 스트림라인 자세를 취하고, 조금씩 숨을 뱉기 시작한다.

2 손바닥을 바깥쪽으로 향하게 하고, 캐치를 시작한다.

3 팔꿈치를 구부려가면서, 손바닥으로 물을 뒤쪽으로 보낸다(풀).

리커버리에서 허벅지를 끌어당기고 다리를 강하게 차낸다

평영은 팔과 다리의 움직임이 복잡해서 조합할 때도 테크닉이 필요하다. 특히 중요한 포인트는 캐치, 풀, 피니시의 타이밍에 팔과 다리가 어떠한 동작을 하는지 파악해두는 것이다. 팔의 리커버리 타이밍에 다리를 끌어당긴다.

물속에서 연동이 잘 되지 않는 경우에는, 지상에서 벤치 위에 배를 깔고 엎드려서 동작을 확인해보자. 호흡은 피니시와 동시에 한다고 생각하면 비교적 타이밍을 맞추기 쉬워진다. 필요 이상으로 얼굴을 많이 들면 가슴으로 물의 저항을 많이 받게 되므로 주의하자.

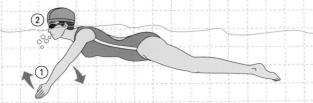

①팔은 가슴 아래로 끌어 모으기 시작하고, 얼굴을 들기 시작함과 동시에
②숨을 다 뱉는다.

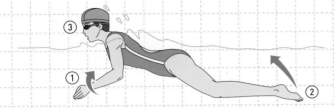

①팔을 가슴 아래로 끌어 모아서 피니시하고 ②다리를 끌어당기기 시작한다.
이때, ③얼굴을 들고 단숨에 숨을 들이마신다.

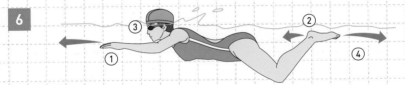

①팔을 앞쪽으로 펴고 리커버리한다. ②발뒤꿈치를 엉덩이 쪽으로 끌어당기고
③얼굴을 물속으로 되돌린다. 그 후, ④다리를 뒤쪽으로 강하게 찬다.

+α

호흡의 타이밍

스트림라인 자세를 취할 때부터 숨을 조금씩 뱉기 시작하고, 풀할 때 나머지를 내뱉는다. 그러면 피니시에서 물 위로 머리를 들었을 때 공기를 많이 들이마실 수 있다.

내뱉는다

들이마신다

풀할 때
숨을 모두 내뱉는다.

얼굴을 들었을 때
단숨에 숨을 들이마신다.

물은 뒤쪽으로 보내고, 호흡 동작은 최소한으로 한다

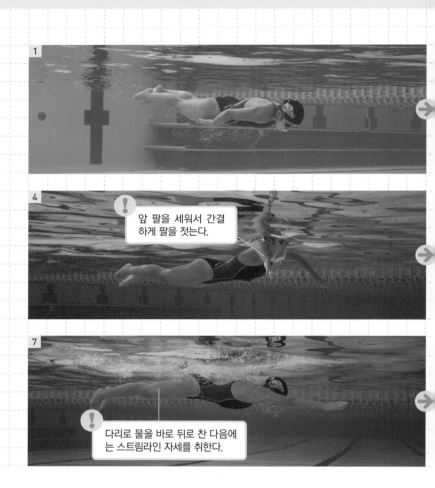

> 앞 팔을 세워서 간결하게 팔을 젓는다.

> 다리로 물을 바로 뒤로 찬 다음에는 스트림라인 자세를 취한다.

가속할 때는 저항이 적은 자세를 유지한다

평영은 가속과 감속의 경사가 크다. 특히 가속하고 있는 동안에는 스피드를 방해하지 않도록 하고, 저항이 적은 스트림라인 자세를 확실하게 유지하는 것이 중요하다.

팔은 좌우로 벌리지 말고, 앞 팔을 세워서 몸의 앞에 있는 물을 뒤쪽으로 보내도록 하자.

다리도 좌우로 벌리는 게 아니라, 정강이의 안쪽으로 바로 뒤쪽으로 간결하게 차서 진행 방향으로의 추진력을 만들어낸다. 다리를 끌어당기는 각도는 120도가 가장 좋다.

팔로 물을 아래쪽으로 밀어내는 동작을 하면, 호흡 때문에 상체가 많이 들리게 되므로 물은 뒤쪽으로 보내도록 한다.

평영에서 팔은 좌우로 많이 벌리지 말고, 몸의 앞에 있는 물을 뒤쪽으로 보낸다. 다리도 뒤쪽으로 물을 보내기 위해서 정강이 안쪽을 이용하여 바로 뒤로 찬다. 호흡은 팔의 움직임에 맞추고, 얼굴은 최소한으로 든다.

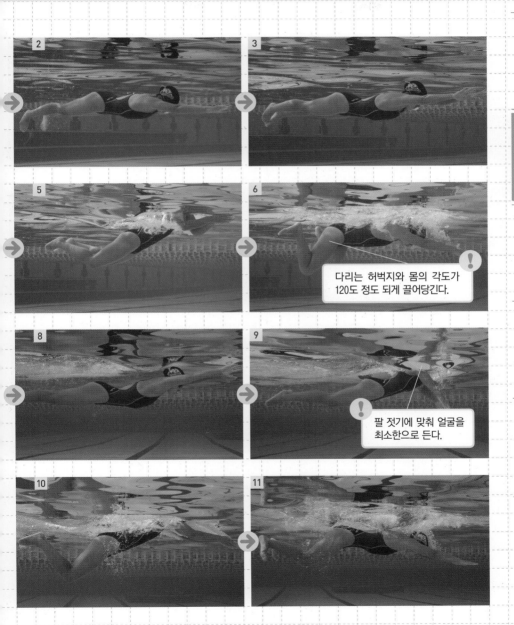

다리는 허벅지와 몸의 각도가 120도 정도 되게 끌어당긴다.

팔 젓기에 맞춰 얼굴을 최소한으로 든다.

풀 부이를 사용한 풀

허벅지에 풀 부이를 끼운다.

차낸 후에도 풀 부이를
놓치지 않도록 한다.

도구

풀 부이

풀 부이를 계속 끼우고 있으면 허벅지가 고정되어서, 무릎 아래 부분으로만 킥을 할 수 밖에 없다. 그 결과 간결한 킥을 할 수 있게 되어 저항이 적은 수영으로 이어진다.

풀 부이를 놓치지 않도록 허벅지에서부터 무릎까지 꽉 붙이고 수영하자.

하는 방법

허벅지에 풀 부이를 끼운 채로 25m 수영한다. 풀 부이를 놓치면 안 된다.

위를 보고 차는 킥

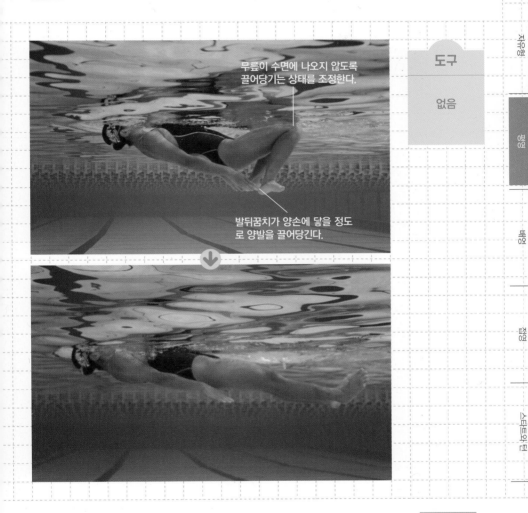

목표▶ 다리를 끌어당길 때 고관절의 적당한 각도를 잡을 수 있다.

도구

없음

무릎이 수면에 나오지 않도록 끌어당기는 상태를 조정한다.

발뒤꿈치가 양손에 닿을 정도로 양발을 끌어당긴다.

위를 보고 킥을 할 때 무릎이 수면에 나온다면, 고관절을 너무 많이 구부리고 있다는 증거이다. 무릎이 수면에 나오지 않도록 조정하면서 수영하면 다리를 끌어당길 때 고관절을 적절하게 구부리는 방법을 알 수 있다. 감을 잡았으면 일반적인 평영에서 시험해보자.

양발을 끌어당길 때는 양손으로 양쪽 발뒤꿈치를 만질 수 있을 정도로 당기면 좋다.

하는 방법

위를 보고 누워서 평영 킥을 하면서 25m 수영한다. 팔은 편 채로 몸에 붙인다.

언더워터 킥 1 풀

목표 ▷▷ 빠른 타이밍으로 힘찬 캐치가 가능해진다.

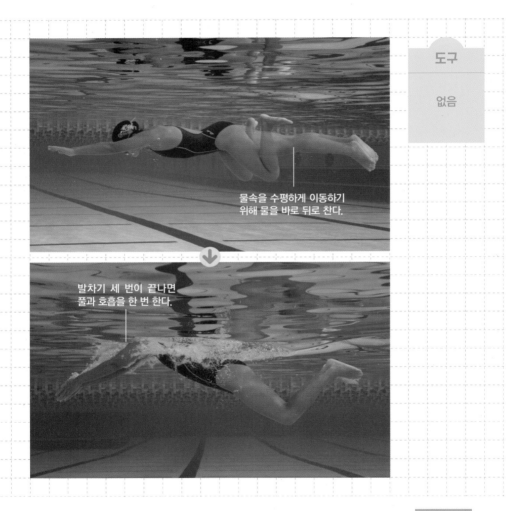

도구

없음

물속을 수평하게 이동하기
위해 물을 바로 뒤로 찬다.

발차기 세 번이 끝나면
풀과 호흡을 한 번 한다.

뒤쪽으로 물을 내보내는 올바른 자세로 킥을 하기
위한 연습법이다.

두 번째와 세 번째 킥으로 물속을 수평으로 이동하
기 위해서는 물을 바로 뒤로 차야 한다. 이 연습을
반복하면 물을 뒤로 차는 감을 잡을 수 있어서, 킥
으로 더 큰 추진력을 만들어낼 수 있다.

하는 방법

물속에서 킥을 세 번 한 다음에 풀과 호흡을
한 번 한다. 첫 번째 킥에서 물속에 잠수하
고, 다음 두 번의 킥에서는 수평 자세를 취하
면서 발차기를 한다. 이렇게 25m 수영한다.

연습법
④

어시스트 스윔

 스트로크와 킥의 정확한 타이밍을 몸에 익힌다.

지상에서 튜브를
끌어당긴다.

도구

튜브

튜브로 끌어당기기 때문에 자기 힘으로 수영하는 것보다 빠른 속도로 수영하게 되어 더욱 큰 저항을 받는다. 커다란 저항이 몸의 어디에서 느껴지는지를 확인해서 되도록 저항이 적은 자세로 수영하자. 또한 속도에 밀리지 않도록 스트로크와 킥을 할 필요가 있다.

이 연습을 계속하면 정확한 타이밍에 스트로크와 킥을 조합시켜서 불필요한 감속 없이 수영할 수 있게 된다.

하는 방법

허리에 장착한 튜브를
지상에서 끌어당기도록
하고, 25m 수영한다.

레지스트 스윔

 목표 〉〉 스트로크로 커다란 추진력을 만들어낼 수 있게 된다.

패러슈트가 만드는
저항에 맞서 수영한다.

도구

패러슈트

커다란 저항을 만들어내는 패러슈트를 끌어당기며 수영함으로써, 팔로 큰 추진력을 만들어내는 연습을 할 수 있다. 저항에 맞서 한 번의 풀로 확실하게 나아갈 수 있도록 손의 방향이나 스트로크 동작, 타이밍을 생각하며 수영한다.
이 연습을 계속하면 감속의 요소가 적은 효율적인 스트로크로 불필요한 동작 없는 수영을 할 수 있게 된다.

하는 방법

허리에 장착한 패러슈트를 끌어당기면서 15m 정도 수영한다. 저항이 크므로 무리 없이 할 수 있는 거리로 정한다. 패러슈트가 없는 경우에는 스펀지를 대신 사용할 수 있다.

PART 4

배영

BACKSTROKE

위를 보고 수영하는 유일한 영법으로 호흡 동작이 필요 없다

배영의 속도 곡선

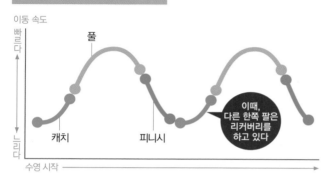

이동 속도

빠르다

느리다

풀

캐치

피니시

이때, 다른 한쪽 팔은 리커버리를 하고 있다

수영 시작

속도 곡선의 특징

자유형과 곡선의 기울기가 거의 비슷하며, 가속과 감속의 작은 경사가 계속된다. 속도는 자유형보다 느려서 최고점의 높이가 약간 낮다. 킥은 좌우 번갈아가며 계속 찬다.

실력 향상 포인트

팔 ▶ 빠른 타이밍으로 캐치해서 뒤쪽으로 젓는다.

▶ 피니시에서는 재빠르게 빼낸다.

다리 ▶ 킥으로 상반신과 하반신의 균형을 잡는다.

▶ 롤링에 맞춰 자연스럽게 옆으로 찬다.

콤비네이션

▶ '오른팔과 왼다리', '왼팔과 오른다리'의 조합으로 강하게 찬다.

배영은 유일하게 위를 보고 누워서 수영하는 영법이다. 그렇지만 팔과 다리를 좌우로 번갈아 움직이는 등 자유형과 공통점이 많고, 속도 곡선도 비슷한 형태이다. 호흡 동작에서 물의 저항을 받을 필요가 없기 때문에 자유형보다 빠를 것이라 생각하지만, 몸의 구조상 누워서 젓는 팔 동작으로는 효율적으로 물을 저을 수 없기 때문에 자유형만큼 가속되지 않는다.

배영에서 호흡 동작은 필요 없지만, 리듬을 무너뜨리지 않도록 팔의 움직임에 맞춰 적당한 타이밍에 숨을 들이쉬거나 내뱉거나 해보자.

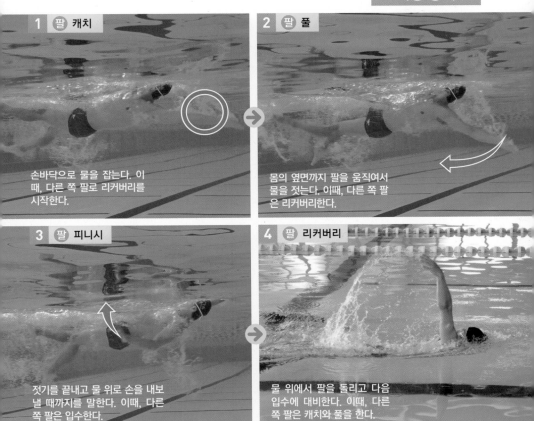

1 팔 캐치

손바닥으로 물을 잡는다. 이
때, 다른 쪽 팔로 리커버리를
시작한다.

2 팔 풀

몸의 옆면까지 팔을 움직여서
물을 젓는다. 이때, 다른 쪽 팔
은 리커버리한다.

3 팔 피니시

젓기를 끝내고 물 위로 손을 내보
낼 때까지를 말한다. 이때, 다른
쪽 팔은 입수한다.

4 팔 리커버리

물 위에서 팔을 돌리고 다음
입수에 대비한다. 이때, 다른
쪽 팔은 캐치와 풀을 한다.

5 팔 입수

팔을 손끝부터 물에 넣는다.
이때, 다른 쪽 팔은 피니시한다.

다리 킥

양쪽 다리를 번갈아가며
위아래로 계속 움직인다.

팔 ① 입수 후 즉시, 앞 팔을 뒤쪽으로 젓는다

배영을 할 때 팔을 펴서 크게 저으면 스피드가 나올 것 같아 보이지만, 오히려 역효과를 가져온다. 빠른 타이밍으로 간결하게 뒤쪽으로 물을 밀면 원활하게 가속할 수 있다.

A 앞 팔로 뒤쪽을 향해 젓는다

물이 뒤쪽으로 보내지므로 진행 방향으로 추진력이 생긴다.

B 팔을 펴서 크게 젓는다

물속 깊은 곳으로 물을 밀기 때문에 진행 방향으로 추진력이 생기지 않는다.

팔꿈치에서부터 손바닥까지를 사용해 뒤쪽으로 밀어낸다

배영에서 스피드를 내기 위해서는, 입수 후 곧바로 팔꿈치에서부터 손바닥까지의 앞 팔을 사용해서 다리 쪽(뒤쪽)을 향해 물을 내보낸다. 그렇게 하면 그 반작용 때문에 진행 방향으로 추진력이 생긴다.

팔을 펴서 물의 깊은 곳을 젓는 쪽이 물을 잡는 느낌이 클 것 같지만, 그렇게 하면 힘이 아래쪽으로 전달되어 진행 방향으로의 추진력이 작아진다. 게다가 힘이 아래로 전달되는 반동 때문에 몸이 위아래로 움직이므로, 물의 저항이 커질 뿐 아니라 불필요한 에너지도 소비하게 된다.

입수 후 즉시 앞 팔로 얕은 곳의 물을 뒤쪽으로 젓도록 하자.

데이터로 검증한다 | 캐치 타이밍에 따른 속도 비교

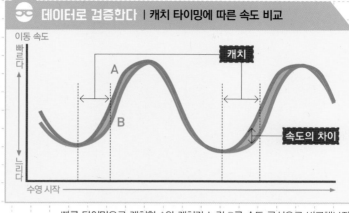

이동 속도
빠르다
느리다
수영 시작
캐치
A
B
속도의 차이

빠른 타이밍으로 캐치한 A와 캐치가 느린 B를 속도 곡선으로 비교해보자. 캐치 후 세로축의 이동 속도가 급격히 빨라지고 있다. 이러한 속도 차이가 쌓여서 결과적으로 A가 더 빠르게 목표지점에 도달한다.

팔꿈치부터 당겨도 물을 잘 저을 수 없다

배영에서는 스트로크 할 때 앞 팔부터 당겨서 물을 젓는다. 팔꿈치부터 당기면 안 된다. 그렇게 하면 설령 얕은 곳을 젓고 있다 해도 힘이 들어가지 않아서 물을 확실하게 캐치할 수 없다. 그 결과, 추진력이 생기지 않아서 효과적으로 가속할 수 없다.

이것도 NG

확실하게 물을 잡을 수 없어서 충분히 가속할 수 없다.

팔
② 피니시에서는
재빠르게 손을 뺀다

피니시에서는 재빠르게 물속에서 손을 싹 빼고, 반대쪽 팔의 입수와 캐치를 의식하자.
팔 젓기가 끝나는 순간까지 물을 밀어도 가속으로 이어지지 않는다.

이 시점에서는 이미
감속이 시작되고 있다.

팔 젓기가 끝나는 동작이 피니시이다. 감속이 시작되고 있으므로
여기에서 힘을 줄 필요는 없다.

피니시에서 힘을 주지 말고, 다음 가속을 의식한다

팔로 물을 젓고, 수면에 손을 내밀 때까지를 '피니시'라고 한다. 피니시에서는 강하게 힘을 주지 말고 재빠르게 물속에서 손을 싹 빼고, 반대쪽 팔로 빠르게 다음 캐치를 하자.

피니시에서 힘을 주면 물의 저항을 받아 물보라가 크게 일어난다. 또 피니시를 할 때에는 이미 속도의 절정을 지나고 있기 때문에, 그 이상의 힘을 더해도 효과적인 가속으로 이어지지 않는다.

게다가 가속으로 이어지지 않는 리커버리에도 힘이 들어가게 되어서 원활한 입수를 할 수 없게 된다.

피니시에서 힘을 주면　✕　물보라가 크게 일어난다

부드럽게 해야 하는 리커버리에 힘이 들어가면 원활하게 입수할 수 없다.

피니시에서 힘을 주면, 수면에 커다란 물보라가 생길 정도로 커다란 저항을 받는다.

피니시에서 재빠르게 손을 빼면　◯　물보라가 적게 일어난다

피니시에서 힘을 빼면, 물의 저항이 작아져서 물보라가 별로 일어나지 않는다.

😎 데이터로 검증한다 | 배영의 속도 곡선

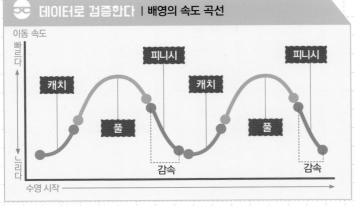

이동 속도
빠르다
느리다

캐치　피니시　풀　캐치　피니시　풀

감속　감속

수영 시작

배영의 속도 곡선을 살펴보면 풀의 후반부터 피니시까지에 걸쳐 감속하고 있다는 걸 알 수 있다. 이때는 아무리 힘을 줘도 효과적인 가속으로 이어지지 않는다.

97

다리 ①

불필요한 움직임을 킥으로 흡수한다

배영의 킥은 추진력을 만들기 위해서라기보다는 오히려 상반신과의 균형을 잡기 위해 실행한다.
균형 잡힌 수영이야말로 스피드를 올리는 효과적인 영법이다.

킥 없음 ❌ 불필요한 움직임이 생긴다

킥을 하지 않으면 팔의 움직임에 맞춰 상반신이 롤링하고, 그것에 맞춰 하반신도
움직이게 된다. 결국 몸 전체가 크게 한쪽으로 회전해서 스트림라인이 무너진다.

앞에서 봤을 때

정면에서 봐도 축이
구부러져서 몸이 좌
우로 크게 흔들리는
걸 알 수 있다.

다리로 균형을 잡아서 스트림라인을 유지한다

배영 킥의 목적은 자유형과 마찬가지로 불필요한
움직임을 없애는 것이다.

좌우 팔을 한쪽씩 이용해 물을 젓는 배영에서는, 팔
을 물속에 넣을 때마다 롤링 때문에 전신이 좌우로
회전한다. 그 회전을 없애서 물의 저항이 적은 스트
림라인을 유지하는 것이 킥의 역할이다. 자유형과

마찬가지로, 고관절부터 발끝까지 다리 전체를 사
용해서 깃발처럼 나부끼는 플러터 킥을 하자.

킥에 힘이 너무 많이 들어가면 상반신과 하반신의
균형을 무너뜨려 저항을 받을 뿐 아니라, 발이 움직
이는 거리가 커지므로 불필요한 에너지를 소비하게
되어 결과적으로 감속으로 이어지게 된다.

수영의 메커니즘

자유형

평영

배영

접영

스타트와 턴

킥 있음 ○ 불필요한 움직임이 없어진다

킥을 하면 하반신과 상반신의 롤링 방향이 반대가 되기 때문에, 서로 힘이 없어져서 몸의 흔들림을 막을 수 있다. 그래서 스트림라인을 유지할 수 있다.

앞에서 봤을 때

스트로크를 해도 몸의 축이 흔들리지 않는다.

〰️ 도해로 검증한다

	상반신	하반신

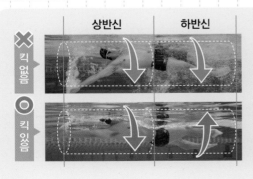

✕ 킥 없음

○ 킥 있음

원통을 보고 판단하자

전신을 상반신과 하반신으로 나눈 원통으로 살펴보자. 두 부분이 연결되어 있는 원통이 킥이 없는 경우이다. 두 개가 같은 방향으로 움직이기 때문에 원통 자체가 회전한다. 반면 두 부분이 나뉘어 있는 원통은 킥이 있는 경우이다. 한쪽이 오른쪽으로 움직이면 다른 한쪽이 왼쪽으로 움직이므로, 서로 힘이 없어져서 원통은 회전하지 않는다.

다리 ② 롤링의 움직임에 맞춰서 찬다

다리를 위아래로 움직이는 킥은 몸의 균형을 무너뜨리고 결국 감속으로 이어진다.
좌우 롤링에 맞춰 자연스럽게 옆 방향으로 차는 것이 배영 킥의 포인트이다.

킥이 바로 위를 향할 때 ❌ **불필요한 움직임이 생긴다**

킥을 의식한 나머지, 자연스러운 롤링을 거슬러 바로 위로 킥을 하면 몸의 균형이 무너져서 물의 저항을 받는다.

다리를 위아래로 움직인다는 이미지에 얽매이지 않는다

배영에서 몸의 롤링에 맞춰 킥을 하면, 다리는 자연스럽게 옆 방향(수면과 평행)으로 움직인다. 이 자연스러운 킥이 물의 저항을 받지 않는 자세를 유지하는 포인트이다.

반면 다리를 위아래로 차려고 의식하면 다리에 힘이 들어가서 고관절이나 무릎이 구부러지게 된다. 그렇게 되면 좌우로 자연스럽게 회전(롤링)하는 상

반신과 위아래 움직임을 하는 하반신의 움직임이 뒤죽박죽되고 균형이 무너져 물의 저항을 받아 감속으로 이어진다.

배영에서 킥을 하는 방향은 바로 위쪽이나 아래쪽이 아니라, 롤링에 맞춰 자연스럽게 옆 방향으로 킥을 한다는 걸 기억해두자.

킥이 옆을 향할 때 ▷ ◯ 불필요한 움직임이 생기지 않는다

롤링에 맞춰 몸이 향하는 방향(옆 방향)으로 자연스럽게 킥을 하면, 몸이 똑바로 펴지고 저항이 적은 자세가 유지되기 때문에 감속이 적어진다.

연습법

올바른 킥이라면 수면에 무릎이 나오지 않는다

옆 방향으로 차는 올바른 킥은, 무릎이 수면 위로 나오지 않도록 의식해야 할 수 있다. 킥을 위로 차면 무릎이 수면 위로 나오게 되고 물의 저항을 정통으로 받아 가속으로 이어지지 않는다. 또한 무릎이 수면에 나와 있으면 물보라가 일어난다. 이것은 다리가 물의 저항을 받고 있어서 올바른 킥이 되고 있지 않다는 걸 뜻한다.

다리를 바로 위로 차면, 수면에 무릎이 나오게 된다.

콤비 네이션

팔과 다리가 대각선이 될 때 강하게 킥한다

6비트로 수영하는 경우, 첫 번째와 네 번째 킥을 강하게 차고 다른 킥은 약하게 차면서 리드미컬하게 수영하자. 배영에서 호흡 동작은 필요 없지만, 일정한 타이밍으로 호흡하면 리듬을 만들 수 있다.

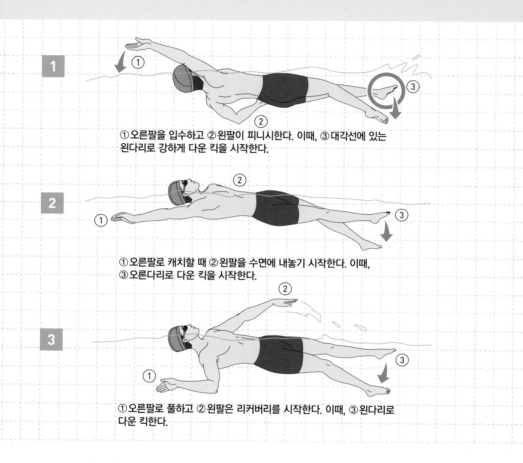

1 ①오른팔을 입수하고 ②왼팔이 피니시한다. 이때, ③대각선에 있는 왼다리로 강하게 다운 킥을 시작한다.

2 ①오른팔로 캐치할 때 ②왼팔을 수면에 내놓기 시작한다. 이때, ③오른다리로 다운 킥을 시작한다.

3 ①오른팔로 풀하고 ②왼팔은 리커버리를 시작한다. 이때, ③왼다리로 다운 킥한다.

자유형과 마찬가지로 입수, 풀, 피니시에서 다운 킥한다

자유형과 마찬가지로 배영에도 2비트, 4비트, 6비트 영법이 있다. 이 책에서는 100~200m의 거리를 수영하는 데에 적당한 6비트로 설명한다.

6비트에서는 팔과 다리가 대각선상에 놓이는 왼팔의 입수와 오른다리의 다운 킥 조합, 오른팔의 입수와 왼다리의 다운 킥 조합일 때 가장 큰 힘을 발휘

할 수 있으니 이때 강하게 차보자. 다른 킥은 약하게 차면서 강약을 주는 것이 중요하다.

배영은 위를 보고 수영하기 때문에 호흡이 필요하지는 않지만, 팔의 움직임에 맞춰 리드미컬하게 숨을 들이쉬고 내뱉기를 반복한다.

4

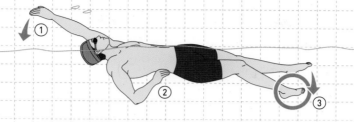

① 왼팔을 입수하고 ② 오른팔은 피니시한다. 이때, ③ 대각선에 있는 오른다리로 강하게 다운 킥한다.

5

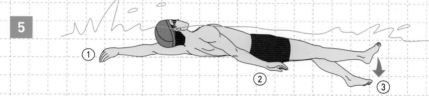

① 왼팔로 캐치할 때 ② 오른팔을 수면에 내놓기 시작한다. 이때, ③ 왼다리로 다운 킥한다.

6

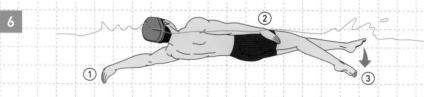

① 왼팔로 풀하고 ② 오른팔은 리커버리를 시작한다. ③ 오른다리로 다운 킥한다.

호흡의 타이밍

피니시 후, 리커버리에서 팔을 물 위로 움직이는 타이밍에 숨을 내뱉으면 비교적 쉽게 호흡할 수 있다. 리커버리의 후반부터 입수 시작 사이, 단숨에 숨을 들이마시자.

내뱉는다 → 들이마신다

리커버리 할 때 숨을 내뱉는다.

리커버리부터 입수에 걸쳐 숨을 들이마신다.

빠른 캐치와 함께
옆쪽으로 킥을 한다

빠른 타이밍으로 캐치한다.

롤링에 맞춘 킥으로 균형 있게 수영한다

스트로크 할 때, 팔의 앞 부분(팔꿈치부터 손바닥까지)으로 물의 얕은 곳을 저어서 물을 뒤쪽으로 내보내면, 추진력이 커져 효율적으로 가속할 수 있게 된다.

피니시에서는 힘을 주지 말고 재빠르게 손을 빼서 반대쪽 팔로 빠르게 캐치한다. 가능한 한 빠르게 가속의 기회를 만드는 것이 속도를 올리는 요령이다. 킥의 역할은 롤링과의 균형을 잡는 것이다. 킥은 위아래로 차는 게 아니다. 롤링에 맞춰 옆 방향으로 자연스럽게 킥을 하면 물의 저항이 적은 자세를 유지할 수 있다.

배영에서는 가능한 한 빠른 타이밍으로 캐치해서 물의 얕은 곳을 젓는다. 또한 롤링에 맞춰 옆 방향으로 자연스럽게 킥을 해서 몸의 균형을 잡아 스트림라인을 유지한다.

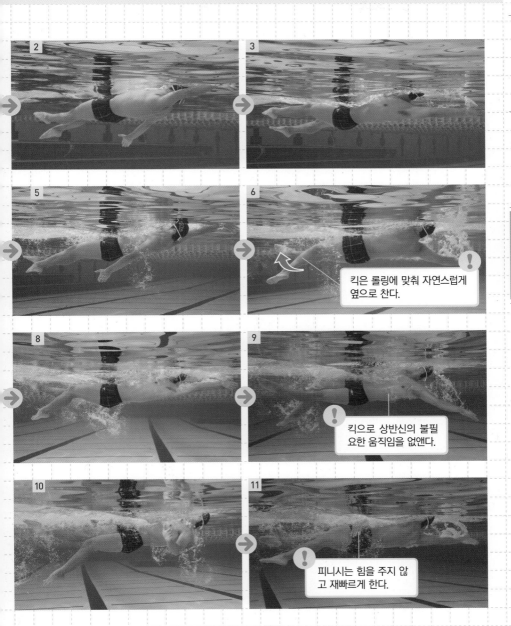

킥은 롤링에 맞춰 자연스럽게 옆으로 찬다.

킥으로 상반신의 불필요한 움직임을 없앤다.

피니시는 힘을 주지 않고 재빠르게 한다.

한 팔 스트로크

 목표 ▶ 적절한 롤링 감각을 몸에 익힌다.

도구

없음

왼팔은 몸의 옆에 붙인 채로 수영한다.

한쪽 팔로만 저을 때는, 다른 쪽 팔을 사용하지 않기 때문에 한쪽으로 회전한 몸을 원래대로 되돌리는 게 불가능하다. 그러므로 몸이 크게 회전하거나 좌우로 흔들리지 않게끔, 가능한 한 똑바로 나아가자. 이 연습으로 적당한 롤링 감각을 몸에 익힐 수 있다.
다른 쪽 팔로도 롤링의 감을 잡았으면 일반적인 배영에서 시험해본다. 앞의 물을 더 많이 캐치하도록 전신을 펴고 저어보자.

하는 방법

한쪽 팔만으로 스트로크 하고, 양쪽 다리 킥으로 25m 수영한다. 젓지 않는 팔은 몸 옆에 붙이고 펴둔다. 이 동작을 양쪽 팔 모두 실행해보자.

연습법 ② 양팔 스트로크

목표 ▶▶ 좌우 차이 없는 안정된 스트로크가 가능해진다.

도구

없음

양쪽 팔로 동시에 물을 젓는다.

동시에 양쪽 팔을 사용해서 스트로크 하면, 좌우 스트로크 방법이나 힘 주는 방식의 차이가 분명해진다. 어느 한쪽 팔에 힘이 들어가 있으면, 그 쪽 팔 방향으로 몸이 크게 회전하거나 좌우로 흔들리게 된다. 좌우의 차이를 없애고 똑바로 나아가도록 교정해보자.

이 동작을 할 때 머리를 많이 들어 올리는 경향이 있는데, 되도록이면 자세를 수평으로 유지하도록 주의한다.

하는 방법

양쪽 팔로 동시에 스트로크하고, 양쪽 다리 킥으로 25m 수영한다.

헤드 업 풀

목표 >> 머리를 평소보다 높이 든다.

도구

없음

머리를 평소보다 높이 든다.

빠른 타이밍으로 캐치를 할 수 있게 되는 연습법이다.

머리를 들고 있으면 부심이 위로 이동해서 중심과의 거리가 멀어지기 때문에 가라앉기 쉽다.

가라앉지 않으려면 빠른 피치로 수영해야 한다. 그 결과, 빠른 타이밍으로 캐치할 수 있게 된다.

하는 방법

머리를 높이 든 채로 15m 정도 수영한다.

연습법 ④ 어시스트 스윔

목표 ▶▶ 스트로크와 킥의 정확한 타이밍을 몸에 익힌다.

지상에서 튜브를 끌어당긴다.

도구

튜브

튜브로 끌어당기기 때문에 자기 힘으로 수영하는 것 보다 빠른 속도로 수영하게 되어, 더욱 커다란 저항을 받는다. 커다란 저항이 몸의 어디에서 느껴지는지를 확인해서, 가능한 한 저항이 적은 자세로 수영하자. 또한 속도에 맞서 힘찬 스트로크와 킥을 할 필요가 있다.
이 연습을 계속하면 정확한 타이밍으로 스트로크와 킥을 조합시켜서 불필요한 감속 없이 수영할 수 있게 된다.

하는 방법

허리에 장착한 튜브를 지상에서 끌어당기도록 하고 25m 수영한다.

레지스트 스윔

 목표 >> 스트로크로 커다란 추진력을 만들어낼 수 있게 된다.

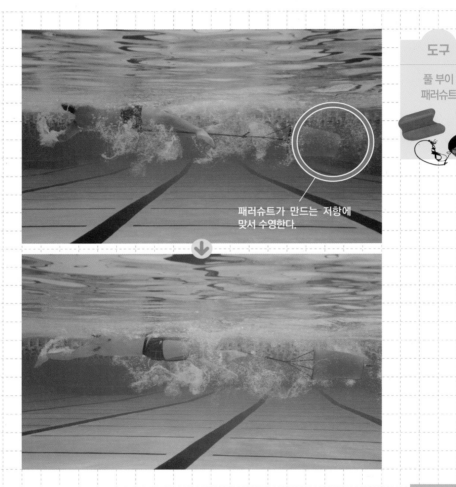

패러슈트가 만드는 저항에
맞서 수영한다.

도구

풀 부이
패러슈트

하는 방법

커다란 저항을 만들어내는 패러슈트를 끌어당겨 수영하면 팔로 큰 추진력을 만들어내는 연습을 할 수 있다.

저항에 맞서 한 번의 풀로 확실하게 나아갈 수 있도록 손의 방향이나 스트로크 동작, 타이밍을 생각하며 수영한다. 이 연습을 계속하면 감속의 요소가 적은 효율적인 스트로크로 가장 효과적인 수영을 할 수 있게 된다.

허벅지에 풀 부이를 끼우고, 허리에 장착한 패러슈트를 끌어당겨 15m 정도 수영한다. 저항이 크므로 무리 없이 할 수 있는 거리로 정한다. 패러슈트가 없는 경우에는 스펀지를 대신 사용할 수 있다(→66쪽 참고).

PART 5

접영

BUTTERFLY STROKE

접영은
다이나믹한 겉모습과는 달리
간결한 움직임이 필요한 수영이다

접영의 속도 곡선

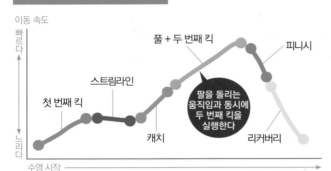

속도 곡선의 특징

가속과 감속의 경사가 큰 곡선이다. 처음에 첫 번째 킥으로 가속하고, 팔로 풀 동작을 할 때와 두 번째 킥의 타이밍에서 급격하게 가속한다. 피니시와 동시에 얼굴을 들어 호흡할 때, 급격하게 감속한다.

실력 향상 포인트

팔 ▶ 팔을 저을 때에는 너무 많이 벌리지 않는다.
　▶ 캐치 후, 얕은 곳에서 물을 젓는다.

다리 ▶ 첫 번째 킥으로 물을 뒤쪽으로 보낸다.
　▶ 두 번째 킥은 너무 강하게 차지 말고 부드럽게 찬다.

호흡 ▶ 호흡 동작을 작게 한다.

콤비네이션
　▶ 팔의 움직임과 첫 번째와 두 번째 킥을 연동시킨다.

접영은 평영과 마찬가지로 양쪽 팔, 양쪽 다리를 각각 동시에 움직이는 동작이다. 크게 움직일수록 물의 저항을 크게 받아서 역효과가 난다. 진행 방향과 마주하는 면적을 작게 하려면 간결한 움직임으로 물의 저항을 최소화할 요령이 필요하다.

또한 추진력을 만들어내는 첫 번째 킥과 상반신과의 균형을 잡는 두 번째 킥, 이렇게 킥이 두 가지 종류인 것도 접영의 특징이다. 두 번째 킥은 강하게 차지 말고 부드럽게 차도록 하자.

1 팔 캐치

손바닥으로 물을 잡는다.

2 팔 풀

몸의 옆면까지 팔을 움직여서
물을 잡는다.

3 다리 두 번째 킥

풀 사이에 부드럽게 찬다.

4 팔 피니시

젓기를 끝내고 손을 물 위에 꺼낼
때까지를 말한다.

5 팔 리커버리

물 위에서 팔을 돌리고, 다음
입수에 대비한다.

6 팔 입수 + 다리 첫 번째 킥

팔을 물에 넣은 타이밍에 차기
시작한다.

팔을 앞으로 펴고
간결하게 젓는다

접영은 팔을 크게 젓고, 몸을 역동적으로 움직인다는 이미지가 있다. 하지만 움직임이 너무 크면 물의 저항을 받아서 감속하게 된다. 팔을 좌우가 아닌 앞쪽으로 펴고, 뒤쪽으로 물을 저어보자.

A 앞쪽으로 팔을 펴고 젓는다

앞쪽으로 팔을 펴고 간결하게 저으면, 몸이 받는 저항도 작아진다.

B 팔을 좌우로 벌리고 젓는다

팔꿈치를 펴고 좌우로 크게 벌려 팔을 저으면, 추진 방향으로부터 물의 저항을 크게 받는다.

팔은 너무 넓게 벌리지 말고 뒤쪽으로 물을 보낸다

접영에서는 팔을 좌우로 너무 많이 벌리지 말고, 앞쪽으로 펴는 느낌으로 스트로크 해서 몸의 앞에 있는 물을 뒤쪽으로 보낸다. 그러면 그 반작용 때문에 진행 방향으로 추진력이 생겨서 가속할 수 있다.

팔을 힘껏 좌우로 벌려서 젓는 편이 훨씬 많은 물을 캐치할 수 있어서 추진력이 늘어날 거라 생각하기 쉽다. 하지만 오히려 추진 방향과 마주하는 면적이 커져서 물의 저항을 크게 받아 감속하게 된다.

또 물을 뒤쪽이 아니라 바로 아래로 밀어버리면 그 반동 때문에 불필요한 움직임이 생기고, 진행 방향으로 가야 할 추진력이 분산되어 효과적으로 가속할 수 없다.

수영의 메커니즘

자유형

평영

배영

접영

스타트와 턴

A 팔을 뒤쪽으로 움직인다

물을 뒤쪽, 즉 다리 쪽으로 보내면 진행 방향으로 추진력이 생긴다.

B 팔을 아래로 움직인다

물을 바로 아래로 밀면, 반동 때문에 불필요한 움직임이 생겨서 진행 방향으로의 추진력이 분산되어 버린다.

 도해로 검증한다

— A 앞쪽으로 팔을 펴고 있다
— B 팔을 좌우로 벌리고 있다

정면에서 봤을 때, 앞쪽으로 팔을 뻗고 있는 A는 진행 방향과 마주하는 면적이 작은데 비해, 팔을 좌우로 벌리고 있는 B는 마주하는 면적이 커지기 때문에 물의 저항을 크게 받는다.

**물을 받는 면적이 크면
저항도 늘어난다**

앞쪽으로 팔을 펴고 있는 상태 A와 팔을 좌우로 벌리고 있는 상태 B를 정면에서 봤을 때, 저항을 받는 면적을 비교해 보자. B가 팔을 크게 벌리고 있는 만큼, 물과 맞닿는 면적이 커진다. 결과적으로 저항도 커져서 감속으로 이어진다.

얕게, 확실하게
물을 캐치한다

접영은 위아래로 구불거리며 수영하지만, 가능한 한 물의 저항이 적은 자세를 유지한다는 기본은 다른 영법과 동일하다. 추진 방향과 마주하는 움직임이 적은 폼을 무너뜨리지 않도록 하자.

✕ 팔꿈치를 당겨서 젓는다

팔꿈치부터 먼저 풀을 하면 물을 아래쪽으로 밀어내게 되고 추진력이 분산되어서 커다란 가속으로 이어지지 않는다.

팔꿈치를 세워서 캐치하고, 물의 얕은 곳을 젓는다

효율적인 추진력을 만들기 위해서는 물을 아래쪽이 아닌 뒤쪽으로 보내는 것이 중요하다. 그러기 위해서는 팔을 앞쪽으로 편 다음, 팔꿈치를 세우고 물을 앞쪽부터 끌어 모아서 뒤쪽으로 젓는 것이 포인트이다.

그렇게 하면 추진 방향과 마주하는 평평한 자세인

스트림라인을 유지하기 쉬워지고, 적은 힘으로 효율적으로 나아갈 수 있다. 다만 얕은 곳을 저으려고 한 나머지, 팔꿈치부터 먼저 뒤쪽으로 움직이면 손바닥이 밑으로 향하기 때문에 물을 아래쪽으로 밀어내게 된다. 그러면 물을 뒤쪽으로 충분히 보내지 못해서 가속으로 이어지지 않는다.

수영의 메커니즘

자유형

평영

배영

접영

스타트와 턴

팔꿈치를 세워서 젓는다

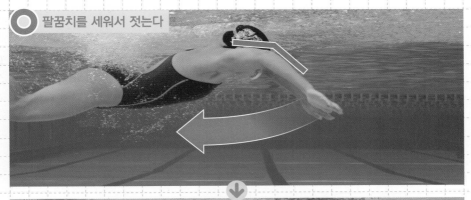

팔꿈치를 세워서 물을 앞쪽부터
끌어 모아서 확실하게 뒤쪽으로
보내면, 커다란 추진력이 생긴다.

데이터로 검증한다 | 접영의 속도 곡선

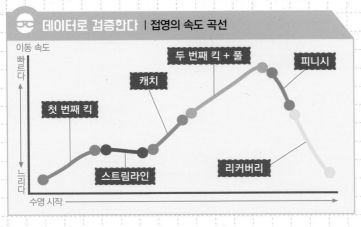

접영의 속도 곡선을 살
펴보자. 풀과 동시에 두
번째 킥을 할 때 최대로
가속한다. 효율적인 풀
을 함으로써, 두 번째
킥의 추진력을 세게 밀
수 있다.

다리 ① 첫 번째 킥으로 추진력을 만들어낸다

첫 번째 킥은 힘을 되찾고 추진력을 얻기 위한 킥이다. 무릎을 적당히 구부렸다 폈다 하면서 팔뿐만 아니라 다리로도 물을 뒤쪽으로 보내보자.

팔로 입수하고 ✚ 다운 킥을 시작한다

약 120도로 무릎을 구부린다.

팔 돌리기를 끝내고 입수하는 타이밍에 첫 번째 킥을 한다. 무릎을 구부리는 각도는 120도로 만들고, 물을 뒤쪽으로 보내서 추진력을 만들어낸다.

무릎을 구부렸다 폈다 하면서 다리를 사용해 뒤쪽으로 물을 보낸다

접영에서는 팔을 한 번 젓는 동안에 두 번의 킥을 찬다.

접영의 첫 번째 킥은 팔 돌리기를 끝내고 다음번 팔 젓기에 접어들 때 실행한다. 이것은 추진력을 위해 팔을 다 젓고 감속하는 타이밍에 차는 킥이다. 그렇기 때문에 두 번째 킥보다 더 무릎을 구부렸다 폈다 하면서, 다리의 움직임으로 물을 뒤쪽으로 보내면 서 앞으로 나아가는 힘을 만든다.

다만 무릎을 구부리는 각도는 120도를 넘기지 않는다. 120도를 넘기면 몸 전체의 균형을 무너뜨려 큰 동작에 비해서 앞으로 나아가지 않는다. 그리고 스트림라인을 무너뜨려 저항을 만들어내서 감속을 초래하는 원인이 된다.

수영의 메커니즘　자유형　배영　평영　접영　스타트와 턴

팔로 캐치하고 ✚ 다운 킥을 끝낸다

구부린 무릎을 펴서 물을 뒤쪽으로 보내고, 진행 방향으로 추진력을 만들어낸다.

다운 킥을 시작한다

다운 킥을 끝낸다

무릎을 너무 많이 구부리면, 무릎을 폈을 때 생기는 반동 때문에 몸이 ＜ 모양으로 구부러지게 된다.

첫 번째 킥에서는 무릎을 너무 많이 구부리지 않는다

첫 번째 킥을 할 때 무릎을 너무 많이 구부리면, 허벅지에 받는 물의 저항도 커진다. 게다가 다리를 펼 때 몸의 균형이 무너지고, 저항이 적은 자세를 유지할 수 없어서 감속으로 이어진다.

다리 ② 두 번째 킥으로 균형을 잡는다

두 번째 킥은 팔 젓기로 생기는 커다란 움직임을 없애기 위해 실행한다. 따라서 너무 강하게 차서 균형을 무너뜨리지 않도록 살짝 약하게 찬다.

팔을 저어 물을 밀 때, 반작용 때문에 상체를 위로 밀어 올리는 힘이 작용한다.
그러한 움직임을 없애기 위해서 두 번째 킥으로 아래쪽을 향한 힘을 만들어낸다.

가벼운 킥으로 몸의 위아래 움직임을 없앤다

두 번째 킥은 팔을 돌리는 것과 동시에 실행하는 킥이다. 이 킥은 팔의 움직임에 따라 몸이 들리는 것을 막아주는 균형 조정을 위한 킥이다. 무릎을 구부린다는 의식은 하지 말고, 채찍처럼 부드럽게 킥을 하자.

추진력을 얻는 것보다 몸이 위아래로 움직이는 걸 방지하는 게 목적이므로 강하게 찰 필요는 없다. 오히려 너무 강하게 차면 반동 때문에 상반신이 필요 이상으로 들리게 되어 어색한 움직임이 되고, 노력하는 데 비해 앞으로 나아가지 않게 된다.

두 번째 킥은 팔을 돌릴 때 생기는 상반신의 흔들림을 없애기 위한 부드러운 킥이라고 이해하자.

수영의 메커니즘

자유형

평영

배영

접영

스타트와 턴

위쪽으로의 힘을 없애기
위해서 찬다.

팔을 저을 때 많은 물이
아래쪽으로 보내지고, 그
반작용으로 몸이 들린다.

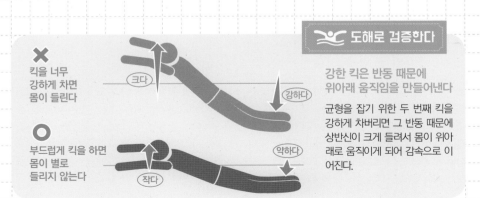

✕ 킥을 너무
강하게 차면
몸이 들린다

크다

강하다

〇 부드럽게 킥을 하면
몸이 별로
들리지 않는다

작다

약하다

〰️ **도해로 검증한다**

**강한 킥은 반동 때문에
위아래 움직임을 만들어낸다**

균형을 잡기 위한 두 번째 킥을
강하게 차버리면 그 반동 때문에
상반신이 크게 들려서 몸이 위아
래로 움직이게 되어 감속으로 이
어진다.

121

호흡 동작을 작게 만들어서 저항을 줄인다

접영의 호흡에서 움직임이 커지면 가슴에 정통으로 물의 저항을 받게 되어 불필요한 움직임도 커진다. 호흡 동작은 필요 최소한으로 해보자.

✖ 얼굴을 너무 많이 든다

◯ 별로 얼굴을 들지 않는다

물의 저항과 몸의 움직임을 가능한 한 막는다

접영은 몸을 위아래로 넘실거리듯이 움직이는 영법이다. 몸은 물의 저항을 받기 쉬우므로, 가능한 한 위아래로의 움직임을 적게 만드는 게 중요하다. 특히 호흡할 때는 얼굴을 수면에서 들기 때문에 동작을 작게 만들고, 저항을 가능한 한 줄여야 한다.

호흡할 때 얼굴을 너무 많이 들면, 가슴 면으로 물의 저항을 크게 받게 된다. 또 위아래로의 움직임도 커져서 추진 방향에서 벗어난 쪽으로 힘을 써버리게 된다. 턱이 수면에 나올 정도로 최소한의 움직임으로 호흡하면 물의 저항을 작게 만들 수 있어서, 위아래로의 움직임도 막을 수 있고 얼굴을 물속으로 되돌릴 때까지의 시간도 단축할 수 있다.

힘의 방향이 일단 위를 향하고, 그 후
급격한 각도로 수면에 돌아오기 때문에
몸의 움직임이 커져서 감속하게 된다.

이만큼,
가속에 차이가 난다

턱이 수면에 나올 정도로만 얼굴을 들고 호흡하면, 몸을
위아래로 움직이는 것을 최소화할 할 수 있다. 불필요한
움직임 없이 다음 동작으로 이어질 수 있게 해서 최소한
의 감속으로 끝나고, 추진력도 유지할 수 있다.

🏊 도해로 검증한다

가속에 차이가 생긴다.

아래쪽을 향한
벡터도 완만하다.

위쪽을 향한
벡터가 완만하다.

⭕

위쪽을 향한
벡터가 크다.

❌

아래쪽을 향한
벡터도 커진다.

위쪽으로 향한 벡터가
전진을 멈추게 한다

얼굴을 들고 호흡을 할 때의 힘의 작용
을 도해로 만들어보자. 상체가 일어나면
서 힘이 향하는 방향(벡터)이 위쪽을 향
하면, 그것을 내리기 위한 벡터가 필요해
진다. 그러면 앞쪽으로의 추진력에 브레
이크가 걸려서 가속에 차이가 생긴다.

123

입수할 때 첫 번째 킥을 하고, 풀할 때 두 번째 킥을 한다

접영도 평영과 마찬가지로 팔과 다리의 연동이 비교적 어렵다. 첫 번째 킥과 두 번째 킥의 역할을 파악하고, 스트로크의 형태와 타이밍을 맞춰서 킥을 할 수 있도록 하자.

1 ①입수할 때, ②다운 킥으로 첫 번째 킥을 한다.

2 ①첫 번째 킥인 다운 킥을 다 끝낸 타이밍에 ②캐치를 한다.

3 ①물을 가슴 아래로 끌어 모으는 풀을 한다. 이때, ②업 킥으로 두 번째 킥을 한다.

첫 번째 킥과 두 번째 킥의 타이밍을 주의한다

접영에는 추진력을 만드는 첫 번째 킥과 균형을 잡는 두 번째 킥이 있다. 추진력을 얻는 첫 번째 킥은 팔을 입수하는 타이밍에 차기 시작한다. 균형을 잡는 두 번째 킥은 풀에 맞춰서 실행한다. 내려차기(다운 킥)와 올려차기(업 킥)의 타이밍도 확실하게 파악해두자.

호흡은 두 번째 킥인 다운 킥의 힘을 살려서 실행한다. 이때, 팔은 피니시 동작을 한다.
다만 두 번째 킥을 너무 강하게 차면 상반신이 필요 이상으로 들려서 정통으로 물의 저항을 받게 되므로 주의가 필요하다.

4

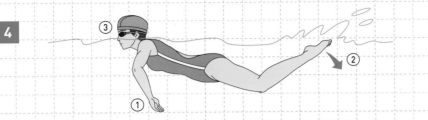

① 풀의 후반에서 ② 다운 킥으로 두 번째 킥을 시작한다. 이때, 호흡에 대비해서 ③ 얼굴을 들기 시작한다.

5

① 팔 젓기를 끝낸 피니시에서 ② 두 번째 킥인 다운 킥을 끝낸다. 그 힘을 이용해서 얼굴을 수면에 내밀고 호흡을 한다.

6

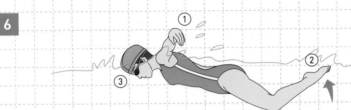

① 리커버리를 하고 ② 업 킥으로 첫 번째 킥을 한다. ③ 얼굴을 물속으로 되돌린다.

호흡의 타이밍

캐치할 때 숨 내뱉기가 끝나도록 조정한다. 팔은 피니시, 다리는 다운 킥으로 두 번째 킥을 하는 타이밍에 얼굴을 들고, 리커버리의 전반에서 단숨에 공기를 들이마신다. 얼굴을 너무 많이 들면 브레이크가 걸리므로 주의하자.

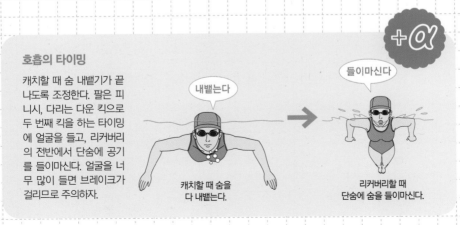

내뱉는다

들이마신다

캐치할 때 숨을 다 내뱉는다.

리커버리할 때 단숨에 숨을 들이마신다.

125

커다란 움직임을 막아서 스피드를 올린다

①

④

> ! 풀과 동시에 두 번째 킥으로 균형을 잡는다.

⑦

가속을 방해하지 않는 것이 중요하며, 감속 시에는 첫 번째 킥으로 가속한다

접영은 다이내믹한 동작이 인상적이지만, 지나치게 큰 동작은 오히려 스피드를 잃게 만든다. 팔로 물의 깊은 곳까지 저으려고 하면 몸이 떠오르면서 가슴으로 물의 저항을 받게 된다. 따라서 얕은 곳의 물을 저어 뒤쪽으로 보내고 두 번째 킥으로 균형을 잡는다. 그리고 감속이 시작되는, 다시 말해 팔 젓기를 마친 타이밍에 첫 번째 킥을 차고 되도록 스피드를 잃지 않도록 하자.

위아래로 움직임을 크게 만들어서 스트림라인을 무너뜨리는 호흡은 가급적 최소한으로 하자. 그래서 위아래로의 움직임이 작은 자세를 무너뜨리지 않도록 한다.

팔로 수심이 얕은 곳을 저어 물을 뒤쪽으로 보내면서 추진력을 만들어내고, 최소한의 호흡 동작으로 과도한 움직임을 막는다. 첫 번째 킥과 두 번째 킥을 하는 타이밍을 맞추는 것도 중요하다.

2

3
입수 후에 바로 캐치한다.

5

6
첫 번째 킥으로 가속한다.

8
팔꿈치를 세워서 얕은 곳의 물을 뒤쪽으로 젓는다.

9
턱이 수면에 나올 정도의 움직임으로 호흡한다.

10

11

헤드 업 풀

목표 >> 빠른 타이밍으로 캐치할 수 있게 된다.

머리는 물속으로
되돌리지 않는다.

도구

풀 부이

빠른 타이밍으로 캐치를 하기 위한 연습이다.

머리를 든 상태이기 때문에 부심이 위로 이동해서 중심과의 거리가 멀어지므로 몸이 쉽게 가라앉는다. 가라앉지 않으려면 빠른 피치로 스트로크해야 한다. 그 결과, 빠른 타이밍으로 힘찬 캐치를 할 수 있게 된다.

피니시에서는 힘을 빼고 너무 많이 젓지 않도록 주의하자.

하는 방법

하반신이 가라앉지 않도록 허벅지에 풀 부이를 끼우고, 머리를 든 채로 앞을 향해 25m 수영한다.

128

접영 풀
자유형 킥

목표 〉〉 위아래로의 움직임이 적은 자세를 몸에 익힌다.

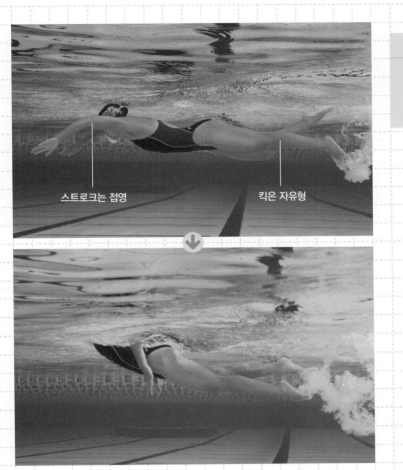

도구

없음

스트로크는 접영

킥은 자유형

접영 특유의 돌핀 킥(양쪽 다리를 나란히 맞춰서 하는 킥)이 아닌, 자유형의 플러터 킥(불필요한 위아래 움직임을 만들어내지 않는 킥)으로 수영함으로써 몸이 위아래로 움직이는 것을 막을 수 있다.

이 연습을 통해 머리와 상체가 크게 움직이지 않는 억제된 움직임이 어떤 것인지에 대한 감을 익힌 후, 일반적인 접영에서 시험해보자.

하는 방법

접영의 스트로크, 자유형의 킥(플러터 킥)의 조합으로 25m 수영한다.

129

한 팔 접영 풀

 목표 》》 올바른 스트로크와 킥의 타이밍을 몸에 익힌다.

도구

없음

오른팔은 편 채로 수영한다.

스트로크와 킥의 타이밍을 몸에 익히는 연습이다. 스트로크를 한쪽 팔에만 집중시킴으로써 스트로크와 첫 번째 킥, 두 번째 킥의 타이밍을 쉽게 맞출 수 있다.

이 연습을 반복해서 올바른 스트로크와 킥의 타이밍을 몸에 익힌다. 몸에서 떨어진 곳에서 팔을 돌리지 않도록 주의하자.

하는 방법

한쪽 팔만으로 스트로크하고 25m 수영한다. 킥은 일반 돌핀 킥이다.

연습법 ④ 어시스트 스윔

목표 ▷▷ 스트로크와 킥의 정확한 타이밍을 몸에 익힌다.

지상에서 튜브를 끌어당긴다.

도구

튜브

튜브로 끌어당기기 때문에 자기 힘으로 수영하는 것보다 빠른 속도로 수영하게 되어 더욱 커다란 저항을 받는다. 큰 저항이 몸의 어디에서 느껴지는지를 확인해서 가능한 한 저항이 적은 자세로 수영하자. 또한 속도에 맞서면서 힘차게 스트로크와 킥을 할 필요가 있다.

이 연습을 계속하면 정확한 타이밍에 스트로크와 킥을 조합해서 불필요한 감속 없이 수영할 수 있게 된다.

하는 방법

허리에 장착한 어시스트 튜브를 지상에서 끌어당기도록 하고, 25m 수영한다.

131

레지스트 스윔

> **목표** 스트로크로 커다란 추진력을 만들어낼 수 있게 된다.

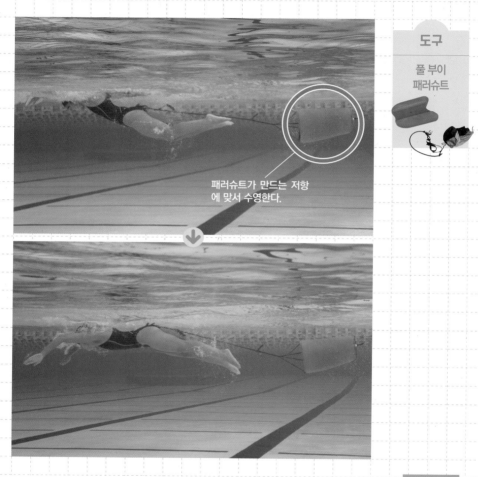

도구

풀 부이
패러슈트

패러슈트가 만드는 저항
에 맞서 수영한다.

커다란 저항을 만들어 내는 패러슈트를 끌어당기며 수영함으로써, 팔로 큰 추진력을 만들어내는 연습을 할 수 있다. 저항에 맞서 한 번의 풀로 확실하게 나아갈 수 있도록 손의 방향이나 스트로크 동작, 타이밍을 생각하면서 수영한다.

이 연습을 계속하면 감속의 요소가 적은 효율적인 스트로크로 가장 효과적인 수영을 할 수 있다.

하는 방법

허벅지에 풀 부이를 끼우고 허리에 장착한 패러슈트를 끌어당겨 15m 정도 수영한다. 저항이 크므로 무리 없이 할 수 있는 거리로 정한다. 패러슈트가 없는 경우에는 스펀지를 대신 사용할 수 있다(→66쪽 참고).

PART 6

스타트와
턴

START & TURN

그래브 스타트로
멀리까지 뛰어든다

양발을 모아 다이빙하는 스타트는 좌우 두 다리의 근력을 사용하기 때문에 빠른 스피드로 물에 뛰어들 수 있다. 다만 중력에 몸을 맡기는 만큼 출발대를 차는 타이밍을 잡기가 어렵다.

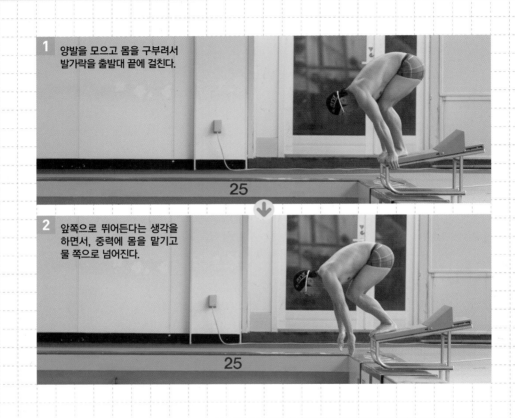

1 양발을 모으고 몸을 구부려서 발가락을 출발대 끝에 걸친다.

25

2 앞쪽으로 뛰어든다는 생각을 하면서, 중력에 몸을 맡기고 물 쪽으로 넘어진다.

25

커다란 힘을 발휘할 수 있지만, 차는 타이밍에 주의한다

자유형, 평영, 접영의 세 가지 영법 모두 스타트 포인트는 동일하다.

출발대 위에서 자세를 잡는 방법에는 두 가지 종류가 있다. 먼저 그래브 스타트는 양발을 모으고 출발하는 것, 두 다리의 근력을 동시에 사용할 수 있으므로 더 멀리까지 뛰어들기 쉬운 자세이다. 이 자세의 장점은 공중에서 큰 스피드를 얻을 수 있다는 점이다. 다만 몸을 중력에 맡기고 넘어뜨린 다음에 점프하기 때문에 출발대를 차는 타이밍을 계산하기가 어렵다는 단점이 있다.

몸이 수면과 평행이 되는 타이밍에 출발대를 차보자.

3 몸이 수면과 평행이 될 때까지 기다린다.

4 출발대를 차고 몸을 쭉 펴서 뛰어든다.

5 가능한 한 멀리 물속으로 들어간다.

스타트에도 가속과 감속이 있다

지상에서 움직이는 스타트 동작에도 가속과 감속 요소 가 숨겨져 있다.

뒤에서 각각 자세히 설명할 예정이므로 참고해보자.

1 출발대에서의 움직임

그래브 스타트, 크라우칭 스타트, 배영 스타트의 올바른 방법이다.

→ 가속 134~143 쪽 참조

2 입수 시의 속도와 자세의 차이

입수한 각도 그대로 스트림라인으로 나아간다. → 감속 139쪽 참조

3 입수 후의 방향 전환

입수 후에 방향 전환을 하면 감속한다. → 감속 145쪽 참조

4 킥 개시의 타이밍

자연스럽게 감속하기 시작할 때까지 움직이지 않는다.

→ 감속 144~145쪽과 148~149쪽 참조

크라우칭 스타트로
재빠르게 뛰어든다

출발대에 디딤판이 붙어있는 경우에는 좌우 발을 앞뒤로 엇갈리게 놓고 자세를 잡는 크라우칭 스타트가 효과적이다. 자신의 의지로 출발대를 찰 수 있기 때문에 거침없이 빠르게 뛰어들 수 있다.

1 한쪽 발을 디딤판에 대고, 다리를 앞뒤로 엇갈리게 놓고 몸을 구부린다.

25

2 앞으로 내민 다리의 무릎을 구부리고, 힘을 약화시키지 않도록 한다.

25

자신의 의지로 움직임을 컨트롤할 수 있다

출발대 위에서 양발을 모으지 않고 앞뒤로 엇갈리게 놓는 자세가 크라우칭 스타트이다. 출발대 뒤에 디딤판이 있는 경우에는 한쪽 발로 디딤판을 차면서 다이빙할 수 있다.

양쪽 다리의 근력을 동시에 사용할 수 없기 때문에 그래브 스타트만큼 빠른 스피드로 뛰어들 수는 없

지만, 다이빙에 걸리는 시간을 단축할 수 있다. 중력에 몸을 맡기는 게 아니라 자신의 의지로 움직임을 컨트롤할 수 있으므로 타이밍을 계산하기 쉽다.

다만 출발대에 디딤판이 없는 경우에는 크라우칭 스타트를 하는 의미가 별로 없다. 그런 경우에는 그래브 스타트를 하는 편이 좋다.

3 디딤판에 붙인 다리를
힘껏 찬다.

4 앞쪽으로 뛴다는 걸 의식하고
다이빙한다.

5 앞 다리로 되도록 긴 시간
동안 출발대를 밀어서
멀리 입수한다.

🏊 도해로 검증한다

출발대 위에서의 회전 운동과 신전 운동

스타트 동작은 몸을 앞으로 넘어뜨리는 회전 운동과 몸을 충분히 넘어뜨린 후에 전신을 펴는 신전 운동으로 이루어져 있다.

그래브 스타트는 회전 요소가 적은 대신에 양쪽 다리로 출발대를 밀 수 있어서 신전 요소가 커진다. 반면 크라우칭 스타트는 회전 요소는 크지만, 한쪽 다리만으로 출발대를 밀어내기 때문에 신전 요소가 작아진다. 이처럼 스타트도 역학을 응용한 움직임이다.

회전 운동

신전 운동

스타트 ③ 위가 아닌 앞을 향해 뛰어든다

다이빙을 할 때는 앞을 향해 멀리 거리를 벌리는 것이 중요하다. 시선이 위를 향하게 되면 높이 뛸 수는 있어도 거리를 벌리지 못한다. 5m 라인을 응시하고 점프하자.

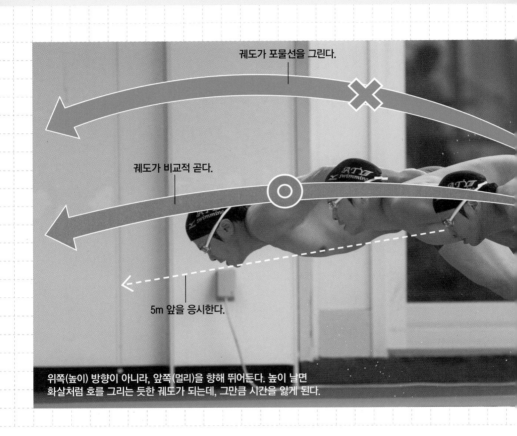

궤도가 포물선을 그린다.

궤도가 비교적 곧다.

5m 앞을 응시한다.

위쪽(높이) 방향이 아니라, 앞쪽(멀리)을 향해 뛰어든다. 높이 날면 화살처럼 호를 그리는 듯한 궤도가 되는데, 그만큼 시간을 잃게 된다.

시선의 컨트롤이 다이빙을 성공시키는 요령이다

다이빙을 할 때에는 가능한 한 앞을 향해 뛰어든다는 생각이 중요하다. 이 점은 그래브 스타트와 크라우칭 스타트 모두 공통적인 사항이라 할 수 있다. 수영장 바닥에 그어져 있는 5m 라인을 응시하고, 뛰어들 때까지 시선을 떼지 않으면 앞을 향해 다이빙을 할 수 있다.

그리고 너무 높이 뛰지 않도록 주의하자. 힘이 위쪽으로 향하기 때문에, 앞을 향한 추진력을 빼앗겨서 강하게 차는 것에 비해 비거리를 낼 수 없다.

시선이 위쪽을 향해 있으면 높이 뛰게 된다. 그러면 다이빙 모양이 포물선을 그리게 되어 그만큼 시간을 소요하게 되고, 멀리까지도 날 수 없어서 스타트가 늦어진다.

입수 각도는 속도의 방향과 같게 한다

속도의 방향과 입수 자세의 방향을 같게 하면 힘이 꺾이지 않아서 감속을 줄일 수 있다. 가능한 한 멀리, 수면과의 각도를 바꾸지 않고 입수하는 것이 중요하다.

✕ 입수 시 자세의 방향이 갑자기 바뀐다

← 속도의 방향
←-- 물의 저항
← 입수 시 자세의 방향

◎ 속도의 방향과 입수 시 자세의 방향이 같다

배영에서 스타트할 때는 벽을 강하게 찬다

양쪽 다리로 벽을 차는 힘이 배영 스타트 대시의 원동력이다. 다만 다리로만 차려고 하면 미끄러져서 힘이 들어가지 않는다. 몸을 넘어뜨리면서 차는 것이 요령이다.

1 출발대를 잡고 양발을 벽에 붙여 자세를 취한다.

2 몸을 들어올리고, 허벅지와 가슴을 바싹 붙인다.

25

25

몸을 넘어뜨리는 움직임에 맞춰 벽을 강하게 찬다

배영의 스타트에서는 양쪽 다리로 벽을 강하게 차면서, 물의 저항에 맞서 입수하는 것이 이상적이다. 몸을 넘어뜨리는 것에 맞춰서 진행 방향의 반대쪽으로 벽을 세게 차면, 앞을 향해 힘차게 뛰어들 수 있다.

그리고 몸을 넘어뜨리면 손끝부터 발끝까지 펴지기 때문에 깔끔하게 입수할 수 있다.

벽을 제대로 차지 않아서 발이 미끄러지는 실수가 자주 생기는데, 이런 경우는 차는 힘이 약해서 마찰을 얻지 못하고 미끄러져버리기 때문이다. 또 몸을 뒤쪽으로 충분히 넘어뜨리지 않은 상태로 벽을 차도 힘이 아래로 떨어져서 쉽게 미끄러진다.

3 벽을 차기 시작하면서 몸을 뒤쪽으로 넘어뜨린다. 몸 전체로 벽을 찬다는 느낌이다.

25

4 벽을 강하게 다 차고 뛰어든다.

5 전신을 펴고 가능한 한 멀리 입수한다.

24

벽을 강하게 찰 수 없는 두 가지 이유

1 차는 힘이 약하기 때문에 마찰을 얻지 못하고 미끄러진다.

2 몸을 뒤쪽으로 충분히 넘어뜨리지 않고 차려고 하면, 차는 힘이 아래로 빠져서 쉽게 미끄러진다.

이것도 **NG**

25

몸을 뒤쪽으로 충분히 넘어뜨리지 않고 차려고 하면, 위쪽으로 힘이 작용해서 그 반동으로 아래(수영장의 바닥)로 힘이 생기게 되어 쉽게 미끄러진다.

두 가지 타입의
배영 스타트 자세

배영의 스타트로 몸을 높이 들어 올리는 타입과 수면에 몸을 낮게 담그는 타입을 소개한다.
어느 한쪽이 더 좋다고 할 수 없으므로 각각의 특징을 알아보고 자신에게 맞는 방법을 채택하자.

앞쪽으로 기운 타입

출발대를 붙잡고 있을 때 앞쪽으로 기운 타입이다. 상반신의 근력이 강한 사람에게 적합하다.
비교적 높은 위치에서 자세를 취하기 때문에 물의 저항을 받기 어렵고, 킥의 힘을 그대로 가속에 활용한다.

하는 방법

비교적 높은 위치에서 자세를 취
하고, 상반신을 출발대 쪽(앞쪽)으
로 기울인다.

→

장점

● 물의 저항을 받지 않기 때문에
킥의 힘이 가속으로 이어지기
쉽다.

저항에 맞서는 '앞쪽으로 기운 타입'
다리 힘을 사용할 수 있는 '뒤쪽으로 기운 타입'

배영의 스타트 자세는 크게 두 가지 종류가 있다. 하
나는 비교적 높은 위치에서 자세를 취하고 상반신
을 출발대 쪽(앞쪽)으로 기울이는 자세이다.
비교적 높은 위치에서 자세를 취하기 때문에 물의
저항을 덜 받고, 킥의 힘을 그대로 가속에 활용할
수 있다. 앞쪽으로 기운 타입은 상반신의 근력이 강
한 사람에게 적합하다.

또 다른 하나는, 허리 부근까지는 수면에 잠기게 하
고 상반신을 약간 뒤쪽으로 기울인 자세이다. 무릎
을 깊숙이 구부린 상태에서 벽을 찰 수 있다. 허리
부근까지 물에 잠겨 있기 때문에 부력이 작용해서
체력이 많이 소모되지 않는다는 특징이 있다.
두 가지 방법을 시험해보고 자신에게 맞는 자세를
선택하자.

y

142

뒤쪽으로 기운 타입

출발대를 붙잡고 있을 때 뒤쪽으로 기운 타입이다. 무릎을 깊숙이 구부린 상태에서 킥이 가능하다.
허리 부근까지 물에 잠겨 있기 때문에 부력이 작용해서 체력 소모가 많지 않다는 특징이 있다.

하는 방법

허리 부근까지 수면에 잠기게 하고, 상반신을 뒤쪽으로 기울인다.

장점

- 무릎을 깊숙이 구부린 상태에서 벽을 힘차게 찰 수 있다.
- 부력이 작용하므로 체력이 많이 소모되지 않는다.

스타트와 턴이 늦다면

수영의 테크닉이나 스피드 부분에서는 뛰어나지만, 스타트나 턴의 기술이 부족해서 경기에서 좋은 성적을 거두지 못하는 선수들이 많다. 특히 국제대회를 보면 스타트가 늦어서 물에 늦게 떠오르는 광경을 심심찮게 볼 수 있다.

이처럼 감속을 최소한으로 만들기 위해 재빠르게 뛰어드는 것은 수영 선수들 모두의 과제이기도 하다.

[사진] 나카니시 유스케 / 아프로 스포츠

배영 선수의 스타트 자세

감속이 시작될 때까지
불필요한 동작은 하지 않는다

수영에서 몸의 움직임은 가속을 만들어냄과 동시에 물의 저항을 받아 감속을 초래한다는 정반대의 요소를 함께 지닌다. 입수 직후에는 입수할 때 생긴 힘으로 나아가므로 불필요한 움직임을 최대한 삼가자.

입수 후, 의식적으로 방향 전환을 하지 말고 자연스럽게 떠오를 때까지 기다리자.

스트림라인을 유지해서 나아갈 수 있는 곳까지 나아간다

입수 직후는 뛰어들었을 때의 힘이 물의 저항에 맞서면서, 가장 빠른 스피드가 나오는 타이밍이다. 이때는 몸이 휙휙 나아가므로 불필요한 동작은 하지 않아야 한다. 이것은 자유형, 평영, 접영에 공통된 포인트이다.

앞으로 나아가고 싶은 마음에 몸을 움직여서 빠르게 수영하고 싶어지지만, 그런 움직임이 물과 마주하는 저항을 만들어서 오히려 감속의 원인이 된다. 뛰어들었을 때의 힘이 물의 저항에 밀리면서 감속이 시작된 다음에 수영을 시작하도록 하자. 그때까지 손발은 움직이지 말고, 가능한 한 멀리까지 나아가도록 의식하는 게 중요하다.

감속이 시작될 때까지는 몸을 움직이지 말고,
전신을 펴서 스트림라인을 유지한다.

도해로 검증한다

입수 후 자세의 방향이 급해진다
깊이 입수하면 일단 방향 전환을 해서 떠오르는 데 에너지가 필요하다.

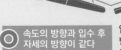

속도의 방향과 입수 후 자세의 방향이 같다
얕은 각도로 입수하면 방향 전환을 하지 않고 떠오를 수 있다.

입수 후의 방향 전환도 감속의 원인이 된다

깊이 입수한 경우, 급히 떠오르기 위해 수면 쪽으로 방향 전환을 하려고 하면 불필요한 에너지가 필요하게 되고, 결과적으로 감속으로 이어진다. 입수 후에는 불필요한 움직임을 하지 않는 것이 원칙이다.

145

평영의
'한 번 젓고 한 번 차기'

'한 번 젓고 한 번 차기'는 평영 경기 규칙 중의 하나이다. 어느 타이밍에서 한 번 젓기를 하고 한 번 차기를 하는지를 익혀서 정확한 수영 자세를 마스터하자.

다이빙으로 입수

감속할 때까지는 불필요한 움직임을 하지 말고 스트림라인 자세를 취한다.

한 번 젓기

팔을 뒤쪽으로 움직여서 물을 젓는다.

입수 직후와 턴을 할 때는 손을 완전히 끝까지 저어도 OK

평영에서는 입수 후, 혹은 턴을 하고나서 '한 번 젓고 한 번 차기'의 순서로 움직이도록 정해져 있다. 이 순서를 바꾸는 것은 규칙상 인정되지 않는다. 그리고 좌우대칭 자세여야 한다는 규칙이 있다.

또한 일반적인 평영의 한 번 젓기에서는 엉덩이 라인보다 뒤쪽까지 저으면 안 되지만, 입수 후와 턴을 한 다음에는 양손을 엉덩이 라인의 뒤쪽까지 완전히 다 저을 수 있다.

이 동작은 가속에 도움이 되므로 입수와 턴을 할 때 가속에 활용해보자.

한 번 젓기 스타트 ✚ 돌핀 킥

손을 바깥쪽으로 향하게 해서 젓기 시작한다. 이때, 돌핀 킥을 한 번 차는 것은 인정되며, 이건 '한 번 차기'에 포함되지 않는다.

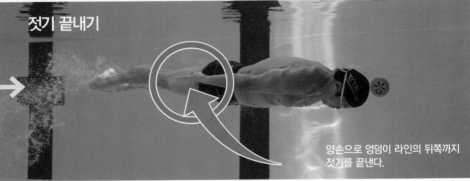

젓기 끝내기

양손으로 엉덩이 라인의 뒤쪽까지 젓기를 끝낸다.

한 번 차기

팔을 폄과 동시에 다리를 끌어당긴다.

스트림라인

일반적인 평영 킥을 한 번 차고 스트림라인 자세를 만든다.

배영에서도 입수 직후에는 불필요한 움직임을 하지 않는다

배영에서도 벽을 찬 직후에는 힘이 있기 때문에, 물의 저항에 맞서 돌진하는 스피드에 몸을 실을 수 있다. 이 타이밍에서는 스트림라인을 유지하는 것이 무엇보다도 중요하다.

입수 후, 의식적으로 방향 전환을 하지 말고
자연스럽게 떠오를 때까지 기다리자.

조급하게 곧바로 수영을 시작하지 않도록 한다

배영도 입수 직후의 포인트는 다른 세 가지 영법과 마찬가지이다. 벽을 차서 뛰어든 직후에는 물의 저항에 맞서는 강한 추진력이 있다.

깔끔한 스트림라인 자세로 물에 들어가서 전신을 펴고 화살처럼 돌진하자. 불필요한 동작은 하지 말고, 스트림라인을 유지해서 나아갈 수 있는 곳까지 나아가자.

배영의 스타트와 턴을 한 후, 앞으로 나아가는 힘이 약해져서 감속하기 시작한 다음부터는 잠수한 채 킥으로 나아가는 배설로 영법(잠수영법)을 시작한다. 자기 힘으로 추진력을 만들어내야 할 때부터 배설로 영법으로 바꿔서 실행해보자.

감속이 시작될 때까지는 몸을 움직이지 말고
전신을 펴서 스트림라인을 유지한다.

도해로 검증한다

스트림라인 상태로 나아간다.

스피드
(m/s)

— A
— B

A

B

돌핀 킥 때문에
일시적으로 가속한다.

B는 돌핀 킥 때문에 일
시적으로 가속하지만,
세로축을 보면 감속하
고 있는 동안에는 A가
위쪽에 위치하므로 A의
속도가 빠르다는 걸 알
수 있다.

거리(m)

돌핀 킥의 타이밍에 따른 속도 비교

배영에서 입수 직후 스피드가 나오는 모
양을 살펴보자. A는 입수 후 오랫동안
스트림라인 상태로 나아간 경우이고, B
는 입수 후 곧바로 돌핀 킥을 한 경우이
다. 스트림라인을 유지한 A가 곧바로 돌
핀 킥을 한 B보다 스피드가 더 나온다.

배영에서는
배설로 영법으로 재가속한다

배설로 영법에서는 몸을 위아래로 넘실거리게 하지만, 무릎을 지나치게 구부리지 말고 부드럽게 킥을
하는 게 중요하다. 동작에 익숙하지 않다면 발끝을 흔들기만 하는 간결한 킥을 한다는 점을 명심하자.

1

감속할 때까지 스트림라인 자세를 취한다.

3

차올릴 때도 부드럽게 킥을 한다.

무릎을 지나치게 많이 구부리면 브레이크가 걸리게 된다

벽을 차서 얻은 추진력이 작아지고 스피드가 떨어
지면, 몸을 위아래로 넘실거리게 해서 돌핀 킥으로
나아가는 배설로 영법으로 바꿔서 실행한다.
배설로 영법의 돌핀 킥은 발목부터 발끝까지 부드
럽게 움직이고, 무릎을 자연스럽게 구부렸다 폈다
하는 정도로 한다.

이때 킥을 세게 차려고 무릎을 지나치게 구부리는
것은 좋지 않다. 이렇게 하면 물의 저항도 커지고
스스로 브레이크를 거는 원인이 된다.
배설로 영법의 동작이 익숙하지 않은 초보자의 경
우에는 발끝을 위아래로 가볍게 흔드는 간결한 킥
을 해야 한다는 걸 명심하자.

2

발목부터 발끝까지 부드럽게 움직이면서
무릎을 자연스럽게 구부렸다 폈다 한다.

감속이 시작되면 돌핀 킥을 시작한다.

4

수영 경기 규칙에서 배설로 영법은
스타트와 턴부터 15m까지라는 제한이 있다.

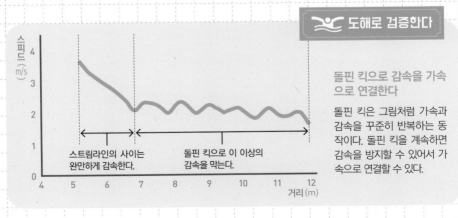

🐟 **도해로 검증한다**

**돌핀 킥으로 감속을 가속
으로 연결한다**

돌핀 킥은 그림처럼 가속과
감속을 꾸준히 반복하는 동
작이다. 돌핀 킥을 계속하면
감속을 방지할 수 있어서 가
속으로 연결할 수 있다.

스트림라인의 사이는
완만하게 감속한다.

돌핀 킥으로 이 이상의
감속을 막는다.

턴 ①
퀵 턴을 할 때는
벽에 충분히 가까이 간다

빠르게 턴을 하고 싶은 마음에 벽에서 떨어진 곳에서 턴을 해버리는 경향이 있다. 이렇게 해서는 벽을 힘차게 찰 수 없고, 턴 때문에 속도가 늦어진다. 벽에 충분히 가까이 가는 것이 중요하다.

1 눈으로 벽까지의 거리를 가늠한다.

2 벽까지 충분히 가까이 가서 몸을 앞으로 구부리기 시작한다.

발을 구부렸다 폈다 하면서 벽을 힘차게 찬다

자유형이나 배영을 할 때 사용하는 퀵 턴에서 가장 중요한 포인트는 방향을 되받아 찰 때 벽을 확실하게 차는 것이다. 이때 물의 저항에 맞서는 추진력을 충분히 만들어낸다.

그러나 많은 사람들이 빨리 되받아 차고 싶다는 생각 때문에 벽에 충분히 가까이 가지 않고 먼 곳에서 턴을 해서 벽을 가볍게 차기만 하는 경향이 있다. 물론 벽에 너무 가까이 가도 동작이 불편해지지만, 너무 먼 곳에서 차느라 벽을 제대로 차지 못하는 실수가 더 많아진다. 다소 시간이 걸려도 괜찮다는 마음으로 무릎을 깊숙이 구부릴 수 있는 거리까지 다가가서 벽을 세게 차도록 하자.

3 무릎을 구부려 몸을 둥글게 하고 회전한다.

4 다 돌았으면 몸을 옆으로 향하게 하고, 구부린 무릎을 펴서 힘차게 벽을 찬다.

5 몸이 수영장의 바닥을 향하도록 4분의 1 정도 회전시키면서 전신을 펴고, 벽을 찬 힘이 물의 저항에 밀려서 감속할 때까지 케노비로 나아간다.

턴 ② 터치 턴은 팔꿈치를 구부렸다 폈다 하면서 조정한다

빠르게 턴을 하고 싶은 마음에 벽에서 떨어진 곳에서 턴을 해버리는 경향이 있다. 이렇게 해서는 벽을 힘차게 찰 수 없고 턴 때문에 속도가 늦어진다. 벽에 충분히 가까이 가는 것이 중요하다.

1

수영 경기에서는 양손으로 벽을 터치하는 게 규칙이다.

2

일단 무릎을 구부려서 벽에 가까이 끌어당기고, 팔꿈치를 펴면서 얼굴을 수면에 꺼낸다. 그리고 양손을 벽에서 떼고 몸을 반대 방향으로 돌리기 시작한다.

벽에 가능한 한 가까이 가서 힘차게 되받아 찬다

평영과 접영은 터치 턴으로 되받아 찬다. 양손으로 벽을 터치하는 것이 수영 경기의 규칙이다. 이 경우 팔을 힘껏 펴야만 닿을 법한 먼 위치에서 턴을 하려고 하면, 되받아 차는 킥이 약해져서 충분한 추진력을 얻을 수 없다.

반대로 벽에 너무 가까이 다가가도 감속으로 이어진다. 팔꿈치를 구부렸다 폈다 하면서 자신이 과감하게 벽을 찰 수 있는 거리를 확인해두자.

벽에 붙어 있는 시간을 짧게 하려고 조급해하는 것보다, 약간 벽 쪽에 머무르는 것이 확실하게 되받아찰 수 있어서 전체 시간을 단축할 수 있다.

3

몸을 옆으로 향하게 해서 무릎을 구부린 채
양발을 벽에 붙인다.

4

벽을 강하게 차서 전신을 쭉 편다.

5

몸이 수영장의 바닥을 향하도록 4분의 1 정도
회전시켜서, 벽을 찬 힘이 물의 저항에 져서
감속이 시작될 때 까지 케노비로 나아간다.

자유형의 턴은 퀵 턴이다. 앞을 볼 수 있으므로 물속에서 얼굴을 들고 벽과의 거리를 가늠해서 회전하는 타이밍을 조정한다. 너무 가깝다 싶을 정도까지 다가가서 무릎을 구부리고 힘차게 찬다.

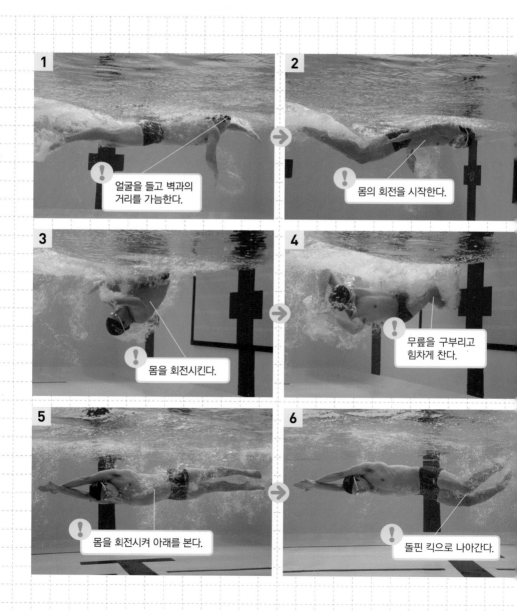

1 얼굴을 들고 벽과의 거리를 가늠한다.

2 몸의 회전을 시작한다.

3 몸을 회전시킨다.

4 무릎을 구부리고 힘차게 찬다.

5 몸을 회전시켜 아래를 본다.

6 돌핀 킥으로 나아간다.

턴의 완성형 평영

평영의 턴은 터치 턴이다. 수영 경기에서는 양손으로 벽을 터치해야 한다는 게 규칙으로 정해져 있다. 터치한 다음, 무릎을 구부리고 양쪽 다리를 몸 쪽으로 끌어당겨서 힘차게 벽을 찬다. 턴을 한 다음에는 '한 번 젓기, 한 번 차기'를 한다.

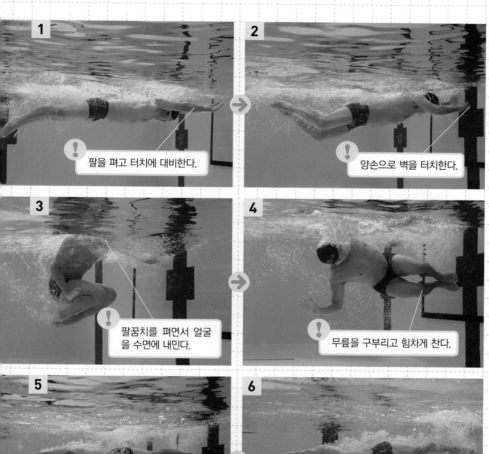

1 팔을 펴고 터치에 대비한다.

2 양손으로 벽을 터치한다.

3 팔꿈치를 펴면서 얼굴을 수면에 내민다.

4 무릎을 구부리고 힘차게 찬다.

5 몸을 회전시켜 아래를 본다.

6 스트림라인 자세를 취한다.

턴의 완성형   배영

배영의 턴은 퀵 턴이다. 위를 보고 있기 때문에 자유형처럼 벽과의 거리를 눈으로 가늠할 수 없다.
천장에 보이는 5m 깃발을 표시로 삼고 연습을 반복해서 자신만의 타이밍을 찾아보자.

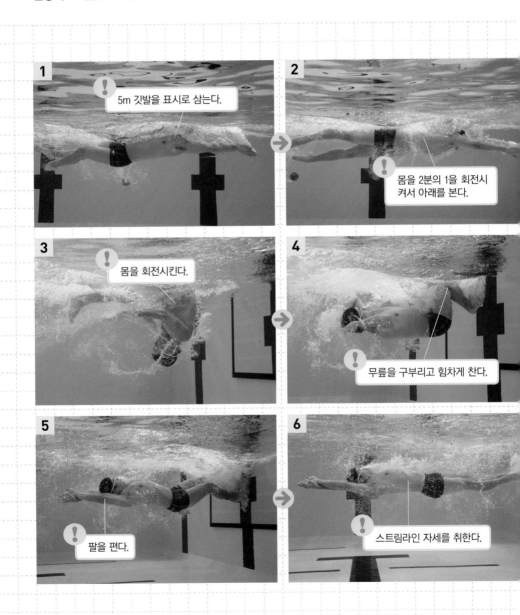

1 5m 깃발을 표시로 삼는다.

2 몸을 2분의 1을 회전시켜서 아래를 본다.

3 몸을 회전시킨다.

4 무릎을 구부리고 힘차게 찬다.

5 팔을 편다.

6 스트림라인 자세를 취한다.

턴의 완성형 　접영

접영의 턴은 터치 턴이다. 수영 경기에서는 양손으로 벽을 터치하는 것이 규칙으로 정해져 있다.
팔을 크게 돌리기 때문에 터치 타이밍을 가늠하는 것이 어려워진다. 5m 라인 부근에서부터 턴에
대비하자.

1

❗ 양손으로 벽을 터치한다.

2

❗ 무릎을 구부려서 벽쪽으로 끌어당긴다.

3

❗ 팔꿈치를 펴면서 얼굴
을 수면에 내민다.

4

❗ 무릎을 구부리고
힘차게 찬다.

5

❗ 몸을 회전시켜서
아래를 본다.

6

❗ 스트림라인 자세를
취한다.

촬영 협력

코이즈미 아스카(小泉飛鳥), 마츠시타 아야카(松下彩花)
도쿄 스위밍 센터

일러스트

HOP BOX: 오카다 신이치(岡田真一)

디자인

렌데 디자인: 오자와 미야코(小澤都子)

사진 촬영

고노 다이스케(河野大輔)

편집 협력

NAISG: 마츠오 리오(松尾里央), 이시카와 모리노부(石川守延), 사에키 다카히로(佐伯貴祐), 다카하시 미호(高橋美帆)
요시다 마사히로(吉田正広)

New 수영교본

1판 1쇄 | 2020년 1월 28일
1판 4쇄 | 2024년 7월 8일
감   수 | 쿠보 야스유키·이와하라 후미히코
옮 긴 이 | 강 소 정
발 행 인 | 김 인 태
발 행 처 | 삼호미디어
등   록 | 1993년 10월 12일 제21-494호
주   소 | 서울특별시 서초구 강남대로 545-21 거림빌딩 4층
          www.samhomedia.com
전   화 | (02)544-9456(영업부) / (02)544-9457(편집기획부)
팩   스 | (02)512-3593

ISBN 978-89-7849-610-0 (13690)